Wolfgang Eberl

Automobilkaufmann
Automobilkauffrau

Prüfungstrainer Abschlussprüfung
Fallbezogenes Fachgespräch

Aufgabenteil

Bestell-Nr. 2333

u-form Verlag · Hermann Ullrich GmbH & Co. KG

Deine Meinung ist uns wichtig!

Du hast Fragen, Anregungen oder Kritik zu diesem Produkt?

Das u-form Team steht dir gerne Rede und Antwort.

Einfach eine kurze E-Mail an

feedback@u-form.de

Änderungen, Korrekturen und Zusatzinfos findest du übrigens unter diesem Link:

www.u-form.de/addons/2333-2022.zip

Wenn der Link nicht funktioniert, haben wir noch keine Zusatzinfos hinterlegt.

BITTE BEACHTEN

Die Lösungen findest du im hinteren Teil dieses Prüfungstrainers.

2. Auflage 2022 · ISBN 978-3-95532-333-2

Alle Rechte liegen beim Verlag bzw. sind der Verwertungsgesellschaft Wort, Untere Weidenstr. 5, 81543 München, Telefon 089 514120, zur treuhänderischen Wahrnehmung überlassen. Damit ist jegliche Verbreitung und Vervielfältigung dieses Werkes – durch welches Medium auch immer – untersagt.

© u-form Verlag | Hermann Ullrich GmbH & Co. KG
Cronenberger Straße 58 | 42651 Solingen
Telefon: 0212 22207-0 | Telefax: 0212 22207-63
Internet: www.u-form.de | E-Mail: uform@u-form.de

Vorwort

Am 01.08.2017 trat die „Verordnung über die Berufsausbildung zum Automobilkaufmann und zur Automobilkauffrau (Automobilkaufleuteausbildungsverordnung – AutoKflAusbV)" in Kraft.

Mit diesem Prüfungstrainer bereiten Sie sich auf den letzten Teil der gestreckten Abschlussprüfung, den **Prüfungsbereich „Kundendienstprozesse"**, der als mündliches, fallbezogenes Fachgespräch durchgeführt wird, vor.

Der Trainer enthält praxisnahe Aufgaben zum Prüfungsbereich und soll Sie darauf vorbereiten, ein situationsbezogenes, handlungsorientiertes Prüfungsgespräch führen zu können.

Da bei den offiziellen Prüfungen der IHK/HWK einige Fragen häufiger verwendet werden als andere, tauchen auch in diesem Prüfungstrainer bestimmte Fragestellungen mehrmals auf. Dies ist so beabsichtigt und stellt bei isolierter Bearbeitung der Aufgaben keinen Nachteil dar.

Der Prüfungstrainer besteht aus zwei Teilen:
- Aufgabenteil
- Lösungs- und Erläuterungsteil (im hinteren Abschnitt)

Der Aufgabenteil orientiert sich am § 14 der AutoKflAusbV. Im Prüfungsteil Kundendienstprozesse sollen Sie nachweisen, dass Sie in der Lage sind,
1. komplexe Aufgaben des Kundendienstes unter Einbeziehung betrieblicher Marketingaktivitäten zu bearbeiten,
2. die Vorgehensweise zu begründen,
3. Problemlösungen zu erarbeiten,
4. Hintergründe und Schnittstellen zu anderen Arbeitsbereichen zu erläutern und
5. Ergebnisse zu bewerten.

Für dieses Gespräch stellt Ihnen der Prüfungsausschuss zwei praxisbezogene Aufgaben, aus denen Sie eine Aufgabe auswählen. Sie sollen die Aufgabe bearbeiten und einen Lösungsweg entwickeln.

Der Aufgabenteil ist genauso aufgebaut, wie die praxisbezogenen Aufgaben, die Ihnen in der Prüfung vorgelegt werden.

Der Lösungs- und Erläuterungsteil enthält dann die möglichen Antworten mit ausführlichen Erläuterungen.

Autor und Verlag wünschen Ihnen viel Erfolg bei Ihrer Prüfung!

Notizen

Inhaltsverzeichnis

	Seite
Vorwort	3
Aufbau der Abschlussprüfung	6
Unternehmensbeschreibung	11

Aufgabenteil

1. Kundendienst/Werkstattgeschäft	13
Kfz-Reparaturbedingungen	14
Reparaturkosten-Übernahmebestätigung	18
2. Fahrzeugtechnik	29
3. Beschaffung, Lager, Teile und Zubehör	37
AGB für den Verkauf neuer und gebrauchter Fahrzeugteile	38
4. Marketing/Absatz	49

Lösungsteil

1. Kundendienst/Werkstattgeschäft	57
2. Fahrzeugtechnik	79
3. Beschaffung, Lager, Teile und Zubehör	93
4. Marketing/Absatz	107

Aufbau der Abschlussprüfung

Die schriftliche Abschlussprüfung zum Ausbildungsberuf Automobilkaufmann/Automobilkauffrau ist in allen Kammerbezirken gleich. Verantwortlich für die inhaltliche Gestaltung der schriftlichen Abschlussprüfung ist die Aufgabenstelle für kaufmännische Abschluss- und Zwischenprüfungen (AkA), Nürnberg.[1]

Die inhaltliche Gestaltung der mündlichen Abschlussprüfung unterliegt der Federführung der einzelnen Industrie- und Handelskammern (IHK) bzw. Handwerkskammern (HWK) und ist deshalb nicht unbedingt überall gleich.

Durch die Abschlussprüfung ist festzustellen, ob Sie die berufliche Handlungsfähigkeit erworben haben, um selbstständig mit Kunden in Kontakt treten und Ihr Unternehmen qualifiziert vertreten zu können. Des Weiteren soll durch sie ermittelt werden, ob Sie während Ihrer Ausbildungszeit die Kenntnisse und Fähigkeiten erworben haben, die für Ihren Beruf notwendig sind. Auch der im Berufsschulunterricht vermittelte Lehrstoff sollte Ihnen dazu vertraut sein.

Die Abschlussprüfung für den/die Automobilkaufmann/-frau ist in die zwei Teile 1 und 2 aufgegliedert. Teil 1 soll in der Mitte des zweiten Ausbildungsjahres durchgeführt werden, Teil 2 am Ende der Berufsausbildung.

Die Prüfungsbereiche auf einen Blick

Folgende Prüfungsbereiche sind in der angegebenen Zeit zu bearbeiten:

	Prüfungsbereich	Zeit	Prüfungsverfahren	Punkte	Gewichtung
Teil 1	Warenwirtschafts- und Werkstattprozesse	90 min	• Schriftlich • Gebunden und ungebunden (maschinell auswertbar)	100	20 %
Teil 2	Fahrzeugvertriebsprozesse und Finanzdienstleistungen	90 min	• Schriftlich • ungebunden	100	25 %
Teil 2	Kaufmännische Unterstützungsprozesse	90 min	• Schriftlich • ungebunden	100	25 %
Teil 2	Wirtschafts- und Sozialkunde	60 min	• Schriftlich • Gebunden und ungebunden (maschinell auswertbar)	100	10 %
Teil 2	Kundendienstprozesse	20 min	• Mündlich (fallbezogenes Fachgespräch)	100	20 %

Wie Sie der Tabelle entnehmen können, zählt die Gewichtung des Prüfungsbereiches „Kundendienstprozesse" 20 % der Gesamtnote.

---

[1] **Hinweis**: Original Aufgabensätze der abgelaufenen Abschlussprüfungen Teil 1 und 2 „Automobilkaufmann/Automobilkauffrau" sind beim u-form Verlag erhältlich.

Aufbau der Abschlussprüfung

Wann ist die Prüfung bestanden?

Die Abschlussprüfung ist bestanden, wenn Sie …

- im Gesamtergebnis von Teil 1 und Teil 2 mit mindestens „ausreichend",
- im Ergebnis von Teil 2 mit mindestens „ausreichend",
- in mindestens drei Prüfungsbereichen von Teil 2 mit mindestens „ausreichend" und
- in keinem Prüfungsbereich von Teil 2 mit „ungenügend" abgeschlossen haben.

Die mündliche Ergänzungsprüfung

Sollten Sie in den Bereichen „Fahrzeugvertriebsprozesse und Finanzdienstleistungen", „Kaufmännische Unterstützungsprozesse" oder „Wirtschafts- und Sozialkunde" schlechter als mit „ausreichend" abgeschlossen haben, können Sie auf Antrag eine mündliche Ergänzungsprüfung in diesem Prüfungsbereich von etwa 15 Minuten ablegen.

Dies gilt jedoch nur, wenn diese zusätzliche Prüfung für das Bestehen der Abschlussprüfung den Ausschlag geben kann. Bei der Ermittlung der Punktzahl für diesen Prüfungsbereich wird das bisherige Ergebnis und das Ergebnis der mündlichen Ergänzungsprüfung im Verhältnis 2:1 gewichtet.

Was Sie zu dieser Prüfung wissen sollten:

- Sie ist nur in einem der drei schriftlichen Prüfungsfächer, die mit 50 – 30 Punkten abgeschlossen wurden, erlaubt
- Dauer: etwa 15 Minuten; Prüfungsart: mündlich
- Fragen werden vom Prüfungsausschuss gestellt
- Bezugnahme auf für das Prüfungsfach vorgesehene Inhalte
- Gewichtung für die neue Gesamtnote: 2 : 1
- Rechenformel: (Alte Punktzahl x 2 + Neue Punktzahl) : 3 = Gesamtpunktzahl
- Antragsformular (ist dem Ergebnis der schriftlichen Prüfungen beigefügt) muss zur mündlichen Prüfung mitgebracht werden
- Findet direkt im Anschluss an die mündliche Prüfung statt

Aufbau der Abschlussprüfung

Beispiel zur Bewertung der Prüfung:

	Prüfungsbereich	erreichte Punktzahl	Gewichtung	
Teil 1	Warenwirtschafts- und Werkstattprozesse	82 Punkte	20 %	16,40 Punkte
Teil 2	Fahrzeugvertriebsprozesse und Finanzdienstleistungen	78 Punkte	25 %	19,50 Punkte
Teil 2	Kaufmännische Unterstützungsprozesse	85 Punkte	25 %	21,25 Punkte
Teil 2	Wirtschafts- und Sozialkunde	80 Punkte	10 %	8,00 Punkte
Teil 2	Kundendienstprozesse	93 Punkte	20 %	18,60 Punkte
			Gesamt	**83,75 Punkte**

Der oben dargestellten Tabelle ist zu entnehmen, wie sich eine Gesamtnote aus der jeweils erreichten Punktzahl im Hinblick auf die Gewichtung der verschiedenen Bereiche ergibt. In diesem Beispiel würde das Ergebnis im Notenbereich von 2,1 liegen.

Die Wiederholungsprüfung

Im Falle des Nichtbestehens der Abschlussprüfung, ist es laut § 37 Abs. 1 Satz 2 des Berufsbildungsgesetzes möglich, die Abschlussprüfung zweimal zu wiederholen. Dies ist frühestens zum nächstmöglichen Prüfungstermin durchführbar.

Die Fächer, welche Sie bereits bestanden haben, können auf Antrag von der Wiederholung ausgenommen werden, sodass nur noch die mit „mangelhaft" (oder schlechter) bewerteten Prüfungsbereiche berücksichtigt werden müssen. Allerdings müssen Sie dazu innerhalb von zwei Jahren (gemessen ab Nichtbestehen der ersten Prüfung) zu einem Wiederholungstermin angemeldet sein und den nächstmöglichen wahrnehmen.

Eine Verlängerung der Ausbildungszeit kann durch Sie gefordert werden, darf jedoch höchstens ein Jahr betragen.

Das fallbezogene Fachgespräch (Kundendienstprozesse)

Zu Beginn des fallbezogenen Fachgesprächs im Bereich Kundendienstprozesse erhalten Sie zwei Wahlaufgaben, aus denen Sie sich eine zur Bearbeitung aussuchen können. Danach haben Sie ca. 20 Minuten Zeit, sich auf das darauffolgende Prüfungsgespräch vorzubereiten.

Diese handlungsorientierten, praxisbezogenen Aufgaben beziehen sich auf komplexe Themen des Kundendienstes unter Einbeziehung betrieblicher Marketingaktivitäten.

Dabei sollen Sie Ihre Vorgehensweise begründen und Problemlösungen erarbeiten sowie Hintergründe und Schnittstellen zu anderen Arbeitsbereichen erläutern und Ergebnisse bewerten können.

Beim Prüfungsgespräch kommt es nun darauf an, den Prüfungsausschuss innerhalb von 20 Minuten zu überzeugen, dass Sie oben genannte Anforderungen erfüllen.

Ziel der Prüfungsaufgaben ist es, Ihre Kompetenz im Umgang mit Kunden anhand eines situationsbezogenen Gesprächs festzustellen. Hierbei kommt es auch darauf an, sinnvoll Leistungen Ihres Betriebes anzubieten, ohne dabei die Kostenfrage zu vernachlässigen.

Aufbau der Abschlussprüfung

Ein paar allgemeine Tipps

Vor Beginn Ihrer Prüfung werden Sie sicher ein wenig aufgeregt sein und sich vielleicht sogar unwohl fühlen. Das ist völlig normal, besonders vor mündlichen Prüfungen. Im Regelfall genügt schon eine gute Vorbereitung, um sich sicherer zu fühlen.

Natürlich gibt es auch bei einer mündlichen Prüfung einige Dinge, auf die Sie achten sollten, um den ersten Eindruck, den die Prüfer von Ihnen gewinnen, positiv beeinflussen zu können.

Dazu gehören:

- Pünktlichkeit
- Höflichkeit und Freundlichkeit
- Ein gepflegtes Äußeres
- Eine deutliche/klare/offene Sprechweise

Des Weiteren sollten Sie sich Ihren Prüfern ordnungsgemäß vorstellen, indem Sie Ihren Namen und Ausbildungsort nennen. Oft werden Sie, um die Situation etwas aufzulockern, direkt danach gefragt.

Sollten Ihnen bei den gestellten Wahlaufgaben Begriffe unklar sein, fragen Sie ruhig nach, bevor Sie sich für eine Aufgabe entscheiden.

Worauf Sie während der Vorbereitungszeit achten sollten:

- Lesen Sie die Aufgabenstellung ganz genau
- Nutzen Sie Stichpunkte (vollständige Sätze kosten unnötig Zeit!)
- Schreiben Sie zuerst auf, was Sie sicher wissen, ehe Sie sich mit Dingen beschäftigen, die erst langes Nachdenken erfordern

Worauf Sie während Ihres Prüfungsgesprächs achten sollten:

- Weisen Sie nicht darauf hin, dass Sie einige Dinge nicht wussten oder sich unsicher sind (Sie sollen kompetent wirken und auf diese Weise würden Sie Ihre Leistung bereits im Vorfeld mindern)
- Nutzen Sie Ihre Notizen, um sich sicherer zu fühlen
- Schauen Sie möglichst häufig Ihre Prüfer an, um ein deutliches Feedback zu erhalten und zu nutzen
- Versuchen Sie deutlich und nicht zu schnell zu sprechen (passen Sie Ihr Sprachniveau bitte der Prüfungssituation an!)
- Denken Sie daran, Ihre Aussagen zu begründen (am besten mit Beispielen Ihrer täglichen Arbeit – das zeigt, dass Sie Ihr Wissen anwenden können)

Sollte nach Ihren Ausführungen zur gewählten Aufgabe noch Zeit vorhanden sein, stellen Ihnen die Prüfer meist ergänzende Fragen, die sich vielleicht auf Ihren Ausbildungsbetrieb beziehen oder sich an Ihren Ausbildungsnachweisen orientieren.

Aufbau der Abschlussprüfung

Die Bewertung der mündlichen Prüfung

Folgende Aspekte fließen in die Bewertung Ihrer mündlichen Prüfung mit ein:

- Haben Sie die Aufgabe verstanden?
- Wurden die Aufgaben von Ihnen vollständig beantwortet?
- Haben Sie Ihre Ergebnisse überzeugend dargestellt und sach- und fachgerecht begründet?
- Besitzen Sie Hintergrundwissen, stellen es richtig dar und verwenden Fachbegriffe richtig?
- War Ihr sprachliches Niveau angemessen?

Das Prüfungszeugnis

Das von der IHK ausgestellte Prüfungszeugnis enthält neben Ihrem Gesamtergebnis auch Ihre Berufsbezeichnung und Ihre Prüfungsleistung aus den einzelnen Prüfungsbereichen.

Da Sie jetzt wissen, worauf es bei Ihrer Abschlussprüfung und insbesondere bei Ihrem fallbezogenen Fachgespräch ankommt, steht Ihrer fundierten Prüfungsvorbereitung nichts mehr im Wege.

Unternehmensbeschreibung

Sie sind Mitarbeiter/Mitarbeiterin im nachstehend beschriebenen Autohaus Klaus Weinhuber GmbH.

Firma	Autohaus Klaus Weinhuber GmbH
Geschäftszweck	Vertragshändler der Fauna Autowerke AG, Leipzig
Geschäftssitz	Münchner Straße 31, 50674 Köln
Registergericht	Amtsgericht Köln HRB 1401
	Steuernummer: 205/320/14321
	USt.-Id.-Nummer: DE 590432367
Gesellschafter	Klaus Weinhuber
	Rosi Weinhuber
	Kurt Meyer
	Geschäftsführer: Theresa Öttl
Telefon – Telefax	Tel. 0221 1444-0 Fax: 0221 1444-35
Homepage	www.autohaus-weinhuber.com
E-Mail	info@autohaus-weinhuber.de
Bankverbindungen	Sparkasse Köln
	IBAN: DE56 5404 0101 0000 5645 99
	BIC: SKNDUX11D
Mitarbeiter/-innen	73 Beschäftigte, davon
	5 Auszubildende zur Automobilkauffrau/zum Automobilkaufmann
	2 Auszubildende zur Kauffrau/zum Kaufmann für Büromanagement
	7 Auszubildende zur Kfz-Mechatronikerin/zum Kfz-Mechatroniker
Auszug aus dem Absatzprogramm	Neufahrzeuge: Rumba / Samba / Fox / Disco / Tango / Jive
	Neben dem Ausstellungsraum für die Neufahrzeuge ist ein Fauna-Shop eingerichtet, in dem Zubehör und Merchandising-Artikel angeboten werden.
	Neben den Neufahrzeugen ist das Autohaus in den Geschäftsfeldern Gebrauchtfahrzeuge, Service, Finanzdienstleitungen und dem Vermietgeschäft aktiv.
Geschäftsjahr	1. Januar bis 31. Dezember

Notizen

1 Kundendienst/Werkstattgeschäft

Kfz-Reparaturbedingungen

Das Autohaus Klaus Weinhuber GmbH (s. Unternehmensbeschreibung auf Seite 11) verwendet für das Werkstattgeschäft folgende, vom ZDK herausgegebene **Kfz-Reparaturbedingungen**:

Bedingungen für die Ausführung von Arbeiten an Kraftfahrzeugen, Anhängern, Aggregaten und deren Teilen und für Kostenvoranschläge
(Kfz-Reparaturbedingungen – Unverbindliche Empfehlung des Zentralverbandes Deutsches Kraftfahrzeuggewerbe e.V. (ZDK))

Kfz-Reparaturbedingungen
Stand: 01/2022

I. Auftragserteilung

1. Im Auftragsschein oder in einem Bestätigungsschreiben sind die zu erbringenden Leistungen zu bezeichnen und der voraussichtliche oder verbindliche Fertigstellungstermin anzugeben.

2. Der Auftraggeber erhält eine Durchschrift des Auftragsscheins.

3. Der Auftrag ermächtigt den Auftragnehmer, Unteraufträge zu erteilen und Probefahrten sowie Überführungsfahrten durchzuführen.

4. Übertragungen von Rechten und Pflichten des Auftraggebers aus dem Auftrag bedürfen der Zustimmung des Auftragnehmers in Textform.

Dies gilt nicht für einen auf Geld gerichteten Anspruch des Auftraggebers gegen den Auftragnehmer.

Für andere Ansprüche des Auftraggebers gegen den Auftragnehmer bedarf es der vorherigen Zustimmung des Auftragnehmers dann nicht, wenn beim Auftragnehmer kein schützenswertes Interesse an einem Abtretungsausschluss besteht oder berechtigte Belange des Auftraggebers an einer Abtretbarkeit des Rechtes das schützenswerte Interesse des Auftragnehmers an einem Abtretungsausschluss überwiegen.

II. Preisangaben im Auftragsschein; Kostenvoranschlag

1. Auf Verlangen des Auftraggebers vermerkt der Auftragnehmer im Auftragsschein auch die Preise, die bei der Durchführung des Auftrags voraussichtlich zum Ansatz kommen.

Preisangaben im Auftragsschein können auch durch Verweisung auf die in Frage kommenden Positionen der beim Auftragnehmer ausliegenden Preis- und Arbeitswertkataloge erfolgen.

2. Wünscht der Auftraggeber eine verbindliche Preisangabe, so bedarf es eines schriftlichen Kostenvoranschlages; in diesem sind die Arbeiten und Ersatzteile jeweils im Einzelnen aufzuführen und mit dem jeweiligen Preis zu versehen. Der Auftragnehmer ist an diesen Kostenvoranschlag bis zum Ablauf von 3 Wochen nach seiner Abgabe gebunden.

Die zur Abgabe eines Kostenvoranschlags erbrachten Leistungen können dem Auftraggeber berechnet werden, wenn dies im Einzelfall vereinbart ist.

Wird aufgrund des Kostenvoranschlages ein Auftrag erteilt, so werden etwaige Kosten für den Kostenvoranschlag mit der Auftragsrechnung verrechnet und der Gesamtpreis darf bei der Berechnung des Auftrags nur mit Zustimmung des Auftraggebers überschritten werden.

3. Wenn im Auftragsschein Preisangaben enthalten sind, muss ebenso wie beim Kostenvoranschlag die Umsatzsteuer angegeben werden.

III. Fertigstellung

1. Der Auftragnehmer ist verpflichtet, einen schriftlich als verbindlich bezeichneten Fertigstellungstermin einzuhalten. Ändert oder erweitert sich der Arbeitsumfang gegenüber dem ursprünglichen Auftrag, und tritt dadurch eine Verzögerung ein, dann hat der Auftragnehmer unverzüglich unter Angabe der Gründe einen neuen Fertigstellungstermin zu nennen.

2. Hält der Auftragnehmer bei Aufträgen, welche die Instandsetzung eines Kraftfahrzeuges zum Gegenstand haben, einen schriftlich verbindlich zugesagten Fertigstellungstermin länger als 24 Stunden schuldhaft nicht ein, so hat der Auftragnehmer nach seiner Wahl dem Auftraggeber ein möglichst gleichwertiges Ersatzfahrzeug nach den jeweils hierfür gültigen Bedingungen des Auftragnehmers kostenlos zur Verfügung zu stellen oder 80% der Kosten für eine tatsächliche Inanspruchnahme eines möglichst gleichwertigen Mietfahrzeuges zu erstatten. Der Auftraggeber hat das Ersatz- oder Mietfahrzeug nach Meldung der Fertigstellung des Auftragsgegenstandes unverzüglich zurückzugeben; weitergehender Verzugsschadensersatz ist ausgeschlossen. Der Auftragnehmer ist auch für die während des Verzugs durch Zufall eintretende Unmöglichkeit der Leistung verantwortlich, es sei denn, dass der Schaden auch bei rechtzeitiger Leistung eingetreten wäre.

Bei gewerblich genutzten Fahrzeugen kann der Auftragnehmer statt der Zurverfügungstellung eines Ersatzfahrzeugs oder der Übernahme von Mietwagenkosten den durch die verzögerte Fertigstellung entstandenen Verdienstausfall ersetzen.

3. Die Haftungsausschlüsse in Ziffer 2 gelten nicht für Schäden, die auf einer grob fahrlässigen oder vorsätzlichen Verletzung von Pflichten des Auftragnehmers, seines gesetzlichen Vertreters oder seines Erfüllungsgehilfen beruhen sowie bei Verletzung von Leben, Körper oder Gesundheit.

Kfz-Reparaturbedingungen

4. Wenn der Auftragnehmer den Fertigstellungstermin infolge höherer Gewalt oder Betriebsstörungen ohne eigenes Verschulden nicht einhalten kann, besteht auf Grund hierdurch bedingter Verzögerungen keine Verpflichtung zum Schadensersatz, insbesondere auch nicht zur Stellung eines Ersatzfahrzeuges oder zur Erstattung von Kosten für die tatsächliche Inanspruchnahme eines Mietfahrzeuges. Der Auftragnehmer ist jedoch verpflichtet, den Auftraggeber über die Verzögerungen zu unterrichten, soweit dies möglich und zumutbar ist.

IV. Abnahme

1. Die Abnahme des Auftragsgegenstandes durch den Auftraggeber erfolgt im Betrieb des Auftragnehmers, soweit nichts anderes vereinbart ist.

2. Der Auftraggeber ist verpflichtet, den Auftragsgegenstand innerhalb von 1 Woche ab Zugang der Fertigstellungsanzeige und Aushändigung oder Übersendung der Rechnung abzuholen. Im Falle der Nichtabnahme kann der Auftragnehmer von seinen gesetzlichen Rechten Gebrauch machen.
Bei Reparaturarbeiten, die innerhalb eines Arbeitstages ausgeführt werden, verkürzt sich die Frist auf 2 Arbeitstage.

3. Bei Abnahmeverzug kann der Auftragnehmer die ortsübliche Aufbewahrungsgebühr berechnen. Der Auftragsgegenstand kann nach Ermessen des Auftragnehmers auch anderweitig aufbewahrt werden. Kosten und Gefahren der Aufbewahrung gehen zu Lasten des Auftraggebers.

V. Berechnung des Auftrages

1. In der Rechnung sind Preise oder Preisfaktoren für jede technisch in sich abgeschlossene Arbeitsleistung sowie für verwendete Ersatzteile und Materialien jeweils gesondert auszuweisen.

Wünscht der Auftraggeber Abholung oder Zustellung des Auftragsgegenstandes, erfolgen diese auf seine Rechnung und Gefahr. Die Haftung bei Verschulden bleibt unberührt.

2. Wird der Auftrag aufgrund eines verbindlichen Kostenvoranschlages ausgeführt, so genügt eine Bezugnahme auf den Kostenvoranschlag, wobei lediglich zusätzliche Arbeiten besonders aufzuführen sind.

3. Die Berechnung des Tauschpreises im Tauschverfahren setzt voraus, dass das ausgebaute Aggregat oder Teil dem Lieferumfang des Ersatzaggregats oder -teils entspricht und dass es keinen Schaden aufweist, der die Wiederaufbereitung unmöglich macht.

4. Die Umsatzsteuer geht zu Lasten des Auftraggebers.

5. Eine etwaige Berichtigung der Rechnung muss seitens des Auftragnehmers, ebenso wie eine Beanstandung seitens des Auftraggebers, spätestens 6 Wochen nach Zugang der Rechnung erfolgen.

VI. Zahlung

1. Der Rechnungsbetrag und Preise für Nebenleistungen sind bei Abnahme des Auftragsgegenstandes und Aushändigung oder Übersendung der Rechnung zur Zahlung in bar fällig, spätestens jedoch innerhalb 1 Woche nach Meldung der Fertigstellung und Aushändigung oder Übersendung der Rechnung.

2. Gegen Ansprüche des Auftragnehmers kann der Auftraggeber nur dann aufrechnen, wenn die Gegenforderung des Auftraggebers unbestritten ist oder ein rechtskräftiger Titel vorliegt. Hiervon ausgenommen sind Gegenforderungen des Auftraggebers aus demselben Auftrag. Ein Zurückbehaltungsrecht kann er nur geltend machen, soweit es auf Ansprüchen aus demselben Vertragsverhältnis beruht.

Der Auftragnehmer ist berechtigt, bei Auftragserteilung eine angemessene Vorauszahlung zu verlangen.

VII. Erweitertes Pfandrecht

Dem Auftragnehmer steht wegen seiner Forderung aus dem Auftrag ein vertragliches Pfandrecht an den aufgrund des Auftrages in seinen Besitz gelangten Gegenständen zu.

Das vertragliche Pfandrecht kann auch wegen Forderungen aus früher durchgeführten Arbeiten, Ersatzteillieferungen und sonstigen Leistungen geltend gemacht werden, soweit sie mit dem Auftragsgegenstand in Zusammenhang stehen. Für sonstige Ansprüche aus der Geschäftsverbindung gilt das vertragliche Pfandrecht nur, soweit diese unbestritten sind oder ein rechtskräftiger Titel vorliegt und der Auftragsgegenstand dem Auftraggeber gehört.

VIII. Haftung für Sachmängel

1. Ansprüche des Auftraggebers wegen Sachmängeln verjähren in einem Jahr ab Abnahme des Auftragsgegenstandes. Nimmt der Auftraggeber den Auftragsgegenstand trotz Kenntnis eines Mangels ab, stehen ihm Sachmängelansprüche nur zu, wenn er sich diese bei Abnahme vorbehält.

Kfz-Reparaturbedingungen

2. Ist Gegenstand des Auftrags die Lieferung herzustellender oder zu erzeugender beweglicher Sachen und ist der Auftraggeber eine juristische Person des öffentlichen Rechts, ein öffentlich-rechtliches Sondervermögen oder ein Unternehmer, der bei Abschluss des Vertrages in Ausübung seiner gewerblichen oder selbständigen beruflichen Tätigkeit handelt, verjähren Ansprüche des Auftraggebers wegen Sachmängeln in einem Jahr ab Ablieferung. Für andere Auftraggeber (Verbraucher) gelten in diesem Fall die gesetzlichen Bestimmungen.

3. Die Verjährungsverkürzungen in Ziffer 1, Satz 1 und Ziffer 2, Satz 1 gelten nicht für Schäden, die auf einer grob fahrlässigen oder vorsätzlichen Verletzung von Pflichten des Auftragnehmers, seines gesetzlichen Vertreters oder seines Erfüllungsgehilfen beruhen sowie bei Verletzung von Leben, Körper oder Gesundheit.

4. Hat der Auftragnehmer nach den gesetzlichen Bestimmungen für einen Schaden aufzukommen, der leicht fahrlässig verursacht wurde, so haftet der Auftragnehmer beschränkt:
Die Haftung besteht nur bei Verletzung vertragswesentlicher Pflichten, etwa solcher, die der Auftrag dem Auftragnehmer nach seinem Inhalt und Zweck gerade auferlegen will oder deren Erfüllung die ordnungsgemäße Durchführung des Auftrags überhaupt erst ermöglicht und auf deren Einhaltung der Auftraggeber regelmäßig vertraut und vertrauen darf. Diese Haftung ist auf den bei Vertragsabschluss vorhersehbaren typischen Schaden begrenzt.

Ausgeschlossen ist die persönliche Haftung der gesetzlichen Vertreter, Erfüllungsgehilfen und Betriebsangehörigen des Auftragnehmers für von ihnen durch leichte Fahrlässigkeit verursachte Schäden.

Für die vorgenannte Haftungsbeschränkung und den vorgenannten Haftungsausschluss gilt Ziffer 3 dieses Abschnitts entsprechend.

5. Unabhängig von einem Verschulden des Auftragnehmers bleibt eine etwaige Haftung des Auftragnehmers bei arglistigem Verschweigen des Mangels, aus der Übernahme einer Garantie oder eines Beschaffungsrisikos und nach dem Produkthaftungsgesetz unberührt.

6. Soll eine Mängelbeseitigung durchgeführt werden, gilt folgendes:

a) Ansprüche wegen Sachmängeln hat der Auftraggeber beim Auftragnehmer geltend zu machen; bei mündlichen Anzeigen händigt der Auftragnehmer dem Auftraggeber eine Bestätigung über den Eingang der Anzeige in Textform aus.

b) Wird der Auftragsgegenstand wegen eines Sachmangels betriebsunfähig, kann sich der Auftraggeber mit vorheriger Zustimmung des Auftragnehmers an einen anderen Kfz-Meisterbetrieb wenden. In diesem Fall hat der Auftraggeber in den Auftragsschein aufnehmen zu lassen, dass es sich um die Durchführung einer Mängelbeseitigung des Auftragnehmers handelt und dass diesem ausgebaute Teile während einer angemessenen Frist zur Verfügung zu halten sind. Der Auftragnehmer ist zur Erstattung der dem Auftraggeber nachweislich entstandenen Reparaturkosten verpflichtet.

c) Im Falle der Nachbesserung kann der Auftraggeber für die zur Mängelbeseitigung eingebauten Teile bis zum Ablauf der Verjährungsfrist des Auftraggegenstandes Sachmängelansprüche aufgrund des Auftrags geltend machen.
Ersetzte Teile werden Eigentum des Auftragnehmers.

IX. Haftung für sonstige Schäden

1. Die Haftung für den Verlust von Geld und Wertsachen jeglicher Art, die nicht ausdrücklich in Verwahrung genommen sind, ist ausgeschlossen.

2. Sonstige Ansprüche des Auftraggebers, die nicht in Abschnitt VIII. „Haftung für Sachmängel" geregelt sind, verjähren in der regelmäßigen Verjährungsfrist.

3. Für Schadensersatzansprüche gegen den Auftragnehmer gelten die Regelungen in Abschnitt VIII. „Haftung für Sachmängel", Ziffer 4 und 5 entsprechend.

X. Eigentumsvorbehalt

Soweit eingebaute Zubehör-, Ersatzteile und Aggregate nicht wesentliche Bestandteile des Auftragsgegenstandes geworden sind, behält sich der Auftragnehmer das Eigentum daran bis zur vollständigen unanfechtbaren Bezahlung vor.

XI. Gerichtsstand

Für sämtliche gegenwärtigen und zukünftigen Ansprüche aus der Geschäftsverbindung mit Kaufleuten einschließlich Wechsel- und Scheckforderungen ist ausschließlicher Gerichtsstand der Sitz des Auftragnehmers. Der gleiche Gerichtsstand gilt, wenn der Auftraggeber keinen allgemeinen Gerichtsstand im Inland hat, nach Vertragsabschluss seinen Wohnsitz oder gewöhnlichen Aufenthaltsort aus dem Inland verlegt oder sein Wohnsitz oder gewöhnlicher Aufenthaltsort zum Zeitpunkt der Klageerhebung nicht bekannt ist.

XII. Außergerichtliche Streitbeilegung

1. Kfz-Schiedsstellen

a) Ist der Betrieb Mitglied der örtlich zuständigen Innung des Kraftfahrzeughandwerks kann der Auftraggeber bei Streitigkeiten aus diesem Auftrag (mit Ausnahme von Nutzfahrzeugen mit einem Gesamtgewicht von mehr als 3,5 t) oder - mit dessen Einverständnis - der Auftragnehmer die für den Auftragnehmer zuständige Kfz-Schiedsstelle anrufen. Die Anrufung muss unverzüglich nach Kenntnis des Streitpunktes durch Einreichung eines Schriftsatzes (Anrufungsschrift) bei der Schiedsstelle erfolgen.

b) Durch die Entscheidung der Kfz-Schiedsstelle wird der Rechtsweg nicht ausgeschlossen.

c) Durch die Anrufung der Kfz-Schiedsstelle ist die Verjährung für die Dauer des Verfahrens gehemmt.

d) Das Verfahren vor der Kfz-Schiedsstelle richtet sich nach deren Geschäfts- und Verfahrensordnung, die den Parteien auf Verlangen von der Kfz-Schiedsstelle ausgehändigt wird.

e) Die Anrufung der Kfz-Schiedsstelle ist ausgeschlossen, wenn bereits der Rechtsweg beschritten ist. Wird der Rechtsweg während eines Schiedsstellenverfahrens beschritten, stellt die Kfz-Schiedsstelle ihre Tätigkeit ein.

f) Für die Inanspruchnahme der Kfz-Schiedsstelle werden Kosten nicht erhoben.

2. Hinweis gemäß § 36 Verbraucherstreitbeilegungsgesetz (VSBG)

Der Auftragnehmer wird nicht an einem Streitbeilegungsverfahren vor einer Verbraucherschlichtungsstelle im Sinne des VSBG teilnehmen und ist hierzu auch nicht verpflichtet.

Reparaturkosten-Übernahmebestätigung

Das Autohaus Klaus Weinhuber GmbH verwendet für das Werkstattgeschäft folgende, vom ZDK herausgegebene **Reparaturkosten-Übernahmebestätigung**.

Name des Versicherers:

Abteilung K-Schaden

Fax-Nummer des Versicherers:

Diese Übernahmebestätigung wird vom **Zentralverband Deutsches Kraftfahrzeuggewerbe e.V. (ZDK)** und **Zentralverband Karosserie- und Fahrzeugtechnik e.V. (ZKF)** unverbindlich empfohlen.

Reparaturkosten-Übernahmebestätigung einschließlich Zahlungsanweisung und Abtretung

Nach Bestätigung vom Versicherer zurückzusenden an (Anschrift des Reparaturbetriebes):

Telefax:

HINWEISE
- Teil A + B ausfüllen
- Formular ist vom Geschädigten und ☐ bei Nutzung von B2 ☐ vom Reparaturbetrieb zu unterschreiben sowie per Telefax an den zuständigen Versicherer zu senden
→ Beizufügen ist eine Reparaturkalkulation (oder SV-Gutachten) und ggf. jeweils eine eigene Abschleppkosten- und/oder Mietwagenrechnung.
→ Diese Reparaturkosten-Übernahmebestätigung ersetzt nicht die Schadenanzeige des Versicherungsnehmers (VN) an seinen Versicherer.

A. Erklärung des Halters des beschädigten Fahrzeugs zum Schaden vom:
Datum/Uhrzeit

Name und Anschrift des Halters des beschädigten Fahrzeugs

Name und Anschrift des Versicherungsnehmers (Unfallgegner):
Nur auszufüllen im Haftpflichtschadensfall

Telefon tagsüber: | Telefon privat: | Telefon tagsüber: | Telefon privat:

Teilkasko ☐ nein ☐ ja | SB
Vollkasko ☐ nein ☐ ja | SB
Amtliches Kennzeichen: | Versicherungsschein-Nr.:

Versichert bei:
Angaben des beschädigten Fahrzeugs:
Hersteller und Typ: | Amtliches Kennzeichen:

Name und Anschrift des Versicherers:

km-Stand lt. Tacho und Erstzulassung: | In der Werkstatt seit:

Telefon:

☐ Ein Sachverständiger wurde beauftragt   Geschädigter ist vorsteuerabzugsberechtigt: ☐ ja / ☐ nein

Kurze Unfallbeschreibung
☐ Auffahrunfall ☐ Vorfahrtverletzung ☐ Fahrspurwechsel ☐ Überholen ☐ geparktes Fahrzeug beschädigt ☐ Abkommen von der Fahrbahn
☐ Sonstiges:
☐ Der Unfall ist polizeilich gemeldet. Aktenzeichen und Dienststelle: _____

B.1 Zahlungsanweisung ☐

Der Geschädigte/VN weist das Versicherungsunternehmen unwiderruflich an, die Reparaturkosten entsprechend der Bestätigung aus C direkt an den Reparaturbetrieb zu zahlen. Das Versicherungsunternehmen erklärt sich durch seine Unterschrift unter C damit einverstanden. Diese Zahlung wird auf die Ansprüche des Geschädigten angerechnet. Der Geschädigte versichert, die Schadensregulierung selbst durchzusetzen und beim leistungsverpflichteten Versicherer den Schaden zu melden. Der Geschädigte wird die Reparaturkosten gegenüber dem Reparaturbetrieb selbst ausgleichen, soweit eine Zahlung durch das Versicherungsunternehmen an den Reparaturbetrieb nicht oder nicht in voller Höhe der Reparaturkosten erfolgt. Dies gilt auch für den Betrag der gesetzlichen Mehrwertsteuer im Falle der Vorsteuerabzugsberechtigung des Geschädigten.
Der Geschädigte/VN weist den Versicherer unwiderruflich an, darüber hinaus folgende Kosten an den Reparaturbetrieb zu zahlen:
☐ merkantile Wertminderung ☐ Mietwagenkosten ☐ Abschleppkosten ☐ Schadenspauschale ☐ _____

B.2 Abtretung (erfüllungshalber) - nur im Haftpflichtschadenfall ☐

Aus Anlass des oben bezeichneten Schadenereignisses habe ich mit o.g. Reparaturbetrieb Verträge über die Erbringung folgender Dienstleistungen geschlossen:
☐ 1. Reparatur des Unfallschadens ☐ 2. Stellung eines Mietwagens ☐ 3. Abschleppen des Unfallfahrzeugs. ☐ 4. _____

Meine jeweiligen diesbezüglichen Schadenersatzansprüche aus dem oben bezeichneten Schadensereignis gegen den Fahrer, den Halter und den Haftpflichtversicherer des unfallbeteiligten Fahrzeugs auf Erstattung der sich aus den jeweiligen Rechnungsbeträgen ergebenen Kosten trete ich unwiderruflich erfüllungshalber an den o.g. Reparaturbetrieb ab.
Der Reparaturbetrieb ist berechtigt, diese Abtretung den Anspruchsgegnern offen zu legen und die erfüllungshalber abgetretenen Ansprüche gegenüber den Anspruchsgegnern im eigenen Namen geltend zu machen. Durch diese Abtretung werden die Ansprüche des Reparaturbetriebes aus den o.g. Verträgen gegen mich nicht berührt. Er kann die Ansprüche gegen mich geltend machen, wenn und soweit der regulierungspflichtige Versicherer keine Zahlung oder lediglich eine Teilzahlung leistet. Eine Inanspruchnahme meinerseits erfolgt nur Zug um Zug gegen Rückabtretung der noch offenen Forderung bzw Forderungen.

Die Abtretung erfüllungshalber unter B 2 wird durch den Kfz-Reparaturbetrieb angenommen.

Datum und Unterschrift des Geschädigten/VN (zu A, B1 und/oder B2) | Unterschrift Kfz-Reparaturbetrieb

C. Bestätigung des Kraftfahrtversicherers zur Schaden-Nr.:

1. Der Versicherungsnehmer haftet ☐ zu 100 % ☐ zu _____ % der Reparaturkosten ☐ Haftungsfrage ist noch nicht geklärt

2. Der Versicherer ☐ verzichtet auf eine Besichtigung   ☐ bittet um Fotos des beschädigten Fahrzeugs
☐ wird einen Sachverständigen beauftragen
☐ erteilt Reparaturfreigabe bis zu einem Betrag von _____

3. Bestätigung: Das Versicherungsunternehmen zahlt die Reparaturkosten entsprechend der angegebenen Haftungsquote bis zu dem unter C2 genannten Betrag (im Kaskofall abzüglich einer Selbstbeteiligung von _____) nach ordnungsgemäßer Durchführung der Reparatur und Vorlage der Rechnung bei der Versicherung direkt an den Reparaturbetrieb.

Datum und Stempel der Versicherung | Unterschrift des Versicherungsbevollmächtigten

Stand: 01/2019 © Zentralverband Deutsches Kraftfahrzeuggewerbe e.V., 53129 Bonn

Kundendienst/Werkstattgeschäft

Die folgenden Aufgaben beziehen sich auf das Autohaus Weinhuber
(s. Unternehmensbeschreibung auf S. 11).

Aufgabe 1.01

Fallbeschreibung:

Im Rahmen Ihrer Ausbildung zum Automobilkaufmann/zur Automobilkauffrau werden Sie im Autohaus Weinhuber in Köln der Werkstattleiterin, Frau Müllerbauer, zugeteilt. Hier haben Sie die Möglichkeit, verschiedene Arbeitsabläufe bei der Auftragsannahme und der Durchführung der Werkstattaufträge mitzuerleben.

Herr Hinterhuber, ein Stammkunde Ihres Autohauses, bringt sein drei Jahre altes Fahrzeug für eine große Inspektion inklusive einer dringenden Bremsenreparatur.

Gemeinsam mit Herrn Hinterhuber füllen Sie den Reparaturauftrag am Service-Computer aus. Auf dem Reparaturauftrag vermerken Sie einen verbindlichen Fertigstellungstermin am selben Tag um 16:00 Uhr. Nachdem Sie den Auftrag ausgedruckt haben, bitten Sie Herrn Hinterhuber, ihn zu unterschreiben.

Aufgabenstellung:

1. Im Berufsschulunterricht haben Sie gelernt, dass ein Werkvertrag auch mündlich abgeschlossen werden kann. Warum besteht Frau Müllerbauer auf einem schriftlichen Arbeitsauftrag und verlangt vom Kunden, diesen auch zu unterschreiben?

2. Welche Möglichkeiten hat ein Kfz-Betrieb, seine Kunden über die „Bedingungen für die Ausführung von Arbeiten an Kraftfahrzeugen, Anhängern, Aggregaten und deren Teile und für Kostenvoranschläge" zu informieren?

3. Nennen Sie Vorteile der Kfz-Reparaturbedingungen gegenüber den gesetzlichen Regelungen des Bürgerlichen Gesetzbuches BGB. Erläutern Sie drei unterschiedliche Aspekte bzw. Rechte der Besserstellung des Autohauses Weinhuber durch die Reparatur-AGB.

4. Nennen Sie mindestens 5 Regelungen, die üblicherweise in Kfz-Reparaturbedingungen getroffen werden.

5. Während der Reparatur am Fahrzeug von Herrn Hinterhuber wird festgestellt, dass ein Mitarbeiter ein benötigtes Ersatzteil trotz Auftrag nicht bestellt hat. Dadurch verzögert sich die Fertigstellung des Fahrzeuges um mehr als 24 Stunden. Wie ist die Rechtslage?

Kundendienst/Werkstattgeschäft

Aufgabe 1.02

Fallbeschreibung:

Sie sind Mitarbeiter/-in im Bereich Kundendienst des Autohauses Weinhuber in Köln und sollen die Arbeitsabläufe bei der Auftragsannahme und Durchführung im Werkstattbereich miterleben.

Die Privatkundin, Lieschen Müller, hat gestern einen Werkstatttermin für eine Jahresinspektion für heute, 13:00 Uhr, mit Ihnen vereinbart. Bereits um 07:30 Uhr kommt Frau Müller viel zu früh, die Werkstattleiterin, Frau Müllerbauer, ist noch mit einem anderen Kunden beschäftigt.

Da Frau Müller einen wichtigen Termin hat, übergibt sie Ihnen die Fahrzeugschlüssel mit den Worten: „Sie haben mir gestern am Telefon gesagt, dass ich das Auto heute gegen 16:30 Uhr auf jeden Fall mitnehmen kann. Ich bin dann pünktlich da." Sie geht, ohne den Werkstattauftrag zu unterschreiben oder Rücksprache mit Frau Müllerbauer zu halten.

Aufgabenstellung:

1. Nehmen Sie zu der Fallbeschreibung aus rechtlicher Sicht Stellung.
2. Bei der Inspektion wird festgestellt, dass die Feder des linken Stoßdämpfers gebrochen ist und der Auftrag erweitert werden muss. Nehmen Sie dazu Stellung.
3. Die Kundin möchte die gebrochene Feder nicht reparieren lassen. Was müssen Sie beachten?
4. Wie erfolgen die Rechnungsstellung und Fahrzeugübergabe in Ihrem Autohaus? Erläutern Sie die einzelnen Schritte.

Aufgabe 1.03

Fallbeschreibung:

Sie sind Mitarbeiter/-in im Bereich Kundendienst des Autohauses Weinhuber in Köln. Während der Pause in der Berufsschule unterhalten Sie sich mit anderen Auszubildenden über die Arbeitsabläufe bei der Auftragsannahme und Durchführung im Werkstattbereich.

Aufgabenstellung:

1. Erläutern Sie die einzelnen Schritte bei der Auftragseröffnung bzw. bei der Auftragsannahme.
2. Wie erfolgt die Rechnungserläuterung in Ihrem Autohaus?
3. Warum ist eine vorherige Terminvereinbarung sinnvoll?
4. Welchen Vorteil hat die Direktannahme durch die Werkstattleiterin für Ihr Autohaus?
5. Was versteht man unter einer „Nachfassaktion"?

Kundendienst/Werkstattgeschäft

Aufgabe 1.04

Fallbeschreibung:

Sie sind Mitarbeiter/-in im Bereich Kundendienst des Autohauses Weinhuber in Köln. Gemeinsam mit Auszubildenden des ersten Ausbildungsjahres besprechen Sie Fragen zur Auftragsabwicklung.

Aufgabenstellung:

1. Welche Auftragsarten lassen sich in der Werkstatt unterscheiden? Nennen Sie jeweils ein Beispiel.
2. Was muss bei der Direktannahme von Neukunden zunächst durchgeführt werden?
3. Welche Angaben enthält in der Regel ein Arbeitsauftrag?
4. Nennen Sie die nächsten Schritte im Anschluss an die Direktannahme.
5. Unterscheiden Sie die Begriffe produktive und unproduktive Arbeitszeit anhand eines Werkstattauftrages.
6. Während der Reparatur wird festgestellt, dass Zusatzarbeiten notwendig sind. Dürfen diese in der Werkstatt ausgeführt werden?

Aufgabe 1.05

Fallbeschreibung:

Sie sind Mitarbeiter/-in im Bereich Kundendienst des Autohauses Weinhuber in Köln. Ihr Stammkunde, der Rentner Klaus Michl, hat einige Fragen zur Auftragsabwicklung.

Aufgabenstellung:

1. Herr Michl fragt Sie nach den Preisen für eine Reparatur an seinem Gebrauchtwagen, die er nächsten Monat in Ihrer Werkstatt durchführen möchte. Welche Möglichkeiten der Preisauszeichnung in Werkstätten ist denkbar?
2. Warum sind Sie in der Lage, Herrn Michl für die meisten Reparaturen an seinem Fahrzeug die genaue Arbeitszeitdauer mitzuteilen? Wer legt die Arbeitswerte fest?
3. Der Monteur fühlt sich heute nicht gut und benötigt für den Kundendienst am Fahrzeug von Herrn Michl 30 Minuten länger als vorgegeben. Bewerten Sie diese Situation.
4. Was ist ein Stundenverrechnungssatz?
5. Warum werden in der Werkstatt für unterschiedliche Arbeitsleistungen unterschiedliche Stundenverrechnungssätze berechnet?

Kundendienst/Werkstattgeschäft

Aufgabe 1.06

Fallbeschreibung:

Sie sind Mitarbeiter/-in im Bereich Kundendienst des Autohauses Weinhuber in Köln. Während Ihrer Ausbildung werden Sie in der Werkstatt benötigt. Bei der Abwicklung eines Reparaturauftrages sind viele Mitarbeiter des Autohauses eingebunden.

Aufgabenstellung:

1. Erläutern Sie die Aufgabenteilung zwischen Kundendienstberater, Werkstattmeister, Ersatzteillager und Rechnungsabteilung.
2. Die Kunden formulieren ihr Anliegen oft ungenau und allgemein. Welche Konflikte können sich aus Pauschalaufträgen, wie z. B. „Machen Sie mein Auto TÜV-fertig!", ergeben?
3. Die Bearbeitung von Reklamationen und die Kundenbindung gehören für viele Betriebe der Kfz-Branche untrennbar zusammen. Erklären Sie diese Aussage.
4. Wie erfolgt die Rechnungserläuterung in Ihrem Autohaus?
5. Ein neuer Kunde, Herr Vogt, möchte die Reparaturrechnung später überweisen, jedoch sein Auto sofort mitnehmen. Er behauptet, er sei Eigentümer des Fahrzeuges und das Autohaus habe kein Recht, sein Eigentum zu behalten. Beurteilen Sie diese Aussage.

Aufgabe 1.07

Fallbeschreibung:

Sie sind Mitarbeiter/-in im Bereich Kundendienst des Autohauses Weinhuber in Köln. Herr Meissner, ein Stammkunde Ihres Autohauses, hatte einen Verkehrsunfall, bei dem sein Fahrzeug erheblich beschädigt wurde. Das Fahrzeug wird gerade auf den Hof Ihres Autohauses geschleppt.

Aufgabenstellung:

1. Zunächst beraten Sie Herrn Meissner über den voraussichtlichen Reparaturumfang. Unterscheiden Sie zwischen einem wirtschaftlichen und einem technischen Totalschaden.
2. Muss bei einem Unfallschaden, der durch die Versicherung reguliert wird, in jedem Fall ein Gutachten erstellt werden?
3. Kann Herr Meissner seinen Gutachter frei wählen?
4. Nennen Sie fünf Bestandteile eines Gutachtens für eine Fahrzeugreparatur.
5. Wer muss für die Kosten des Gutachtens aufkommen?
6. Herr Meissner möchte vom Autohaus einen schriftlichen Kostenvoranschlag, bevor er den Reparaturauftrag erteilt. Warum müssen Sie bei der Erstellung des Kostenvoranschlages sehr genau vorgehen?

Kundendienst/Werkstattgeschäft

Aufgabe 1.08

Fallbeschreibung:

Im Autohaus Weinhuber, in welchem Sie Ihre Ausbildung absolvieren, sind Sie in dieser Woche für die Werkstatt eingeplant. Eine langjährige Kundin, Frau Becker, wurde gestern unschuldig in einen Verkehrsunfall verwickelt. Als Geschädigte hat sie nun einige Fragen bezüglich der Versicherung des Unfallgegners.

Aufgabenstellung:

1. Welche Versicherung kommt für die Schäden der Frau Becker auf?
2. Welche Ansprüche hat Frau Becker gegenüber der Versicherung des Unfallverursachers?
3. Was bedeutet Schadenminderungspflicht der Frau Becker?
4. Erläutern Sie die Bedeutung der Reparaturkosten-Übernahmebestätigung aus Sicht der Frau Becker und aus Sicht der Werkstatt.
5. Sie sollen die Abwicklung der Unfallschadenregulierung durchführen. Erläutern Sie die einzelnen Arbeitsschritte.
6. Was müssen Sie bei der Abrechnung eines Reparaturauftrages mit Hilfe der auf Seite 18 stehenden Reparaturkosten-Übernahmebestätigung beachten, wenn Frau Becker Unternehmerin bzw. Privatperson ist?

Aufgabe 1.09

Fallbeschreibung:

Sie sind Mitarbeiter/-in im Bereich Kundendienst des Autohauses Weinhuber in Köln. Derzeit sind Sie für die Annahme und Bearbeitung von Kundenaufträgen mitverantwortlich.

Vor zwei Wochen war Herr Bichler, ein Stammkunde, wegen eines Unfallschadens bei Ihnen im Autohaus. Um ihm die Abwicklung zu vereinfachen, ließen Sie Herrn Bichler die auf Seite 18 stehende Reparaturkosten-Übernahmebestätigung unterschreiben, um den Auftrag direkt mit der Versicherung abzuwickeln.

Heute kommt Herr Bichler ziemlich verärgert zu Ihnen und beschwert sich lautstark: „Vor zwei Wochen habe ich die Reparaturkosten-Übernahmebestätigung unterschrieben und Sie haben mir gesagt, damit sei für mich alles erledigt. Jetzt bekomme ich ein Schreiben von der Versicherung, das ich nicht verstehe."

Aufgabenstellung:

1. Wie reagieren Sie kundenorientiert?
2. Erläutern Sie Herrn Bichler die Bedeutung einer Reparaturkosten-Übernahmebestätigung.
3. Erläutern Sie Herrn Bichler die grundsätzliche Vorgehensweise bei einer Unfallschadensabwicklung in Ihrem Autohaus.
4. Welche Vorteile hat die RKÜB für Herrn Bichler?
5. Welche Vorteile hat die RKÜB für Ihr Autohaus?

Kundendienst/Werkstattgeschäft

Aufgabe 1.10

Fallbeschreibung:

Am 17. März dieses Jahres kam Herr Forster, ein Unternehmer und langjähriger Kunde aus Köln, mit seinem Firmenfahrzeug in Ihr Autohaus und ließ eine Inspektion im Wert von 452,00 EUR (Rechnungsdatum: 17. März dieses Jahres) durchführen. Folgender Vermerk befindet sich auf der Werkstattrechnung: „Der Rechnungsbetrag ist zahlbar 10 Tage nach Rechnungsdatum."

Sie stellen am 10. April dieses Jahres fest, dass Herr Forster die Rechnung noch nicht beglichen hat.

Aufgabenstellung:

1. Erklären Sie den Begriff Nicht-Rechtzeitig-Zahlung (Zahlungsverzug) und nennen Sie die Voraussetzungen des Zahlungsverzugs.
2. Prüfen Sie, ob Herr Forster in Zahlungsverzug gekommen ist.
3. Welche Vorgehensweise bietet sich hier zunächst an?
4. Herr Forster hat immer noch nicht reagiert. Welche weiteren Schritte müssen Sie veranlassen?
5. Welche Rechte haben Sie als Gläubiger aus der Nicht-Rechtzeitig-Zahlung?
6. Wie viel Prozent Verzugszinsen können im Falle des Zahlungsverzuges geltend gemacht werden?

Aufgabe 1.11

Fallbeschreibung:

Sie sind Mitarbeiter/-in im Autohaus Weinhuber in Köln. Ein Kunde, die Kontrast GmbH aus Düsseldorf, hat eine Forderung über eine Reparaturrechnung in Höhe von 1.750,00 € trotz mehrerer Aufforderungen noch nicht bezahlt. Sie beschließen in Abstimmung mit der Vertriebsleitung, einen Mahnbescheid zu beantragen.

Aufgabenstellung:

1. Welche Bedeutung erfüllt der Mahnbescheid?
2. Wo ist der Antrag auf Erlass eines Mahnbescheides zu stellen?
3. Welche Möglichkeiten hat die Kontrast GmbH, um auf diesen Mahnbescheid zu reagieren?
4. Die Firma Kontrast GmbH zeigt keinerlei Reaktionen auf den Mahnbescheid. Die Vertriebsleitung entscheidet, diesen Vorgang weiter zu verfolgen. Welchen Schritt müssen Sie als nächstes einleiten?
5. Welche Möglichkeiten hat die Kontrast GmbH, um auf diesen neuerlichen Schritt zu reagieren?
6. Was bedeutet Zwangsvollstreckung, was ist die Eidesstattliche Versicherung?

Kundendienst/Werkstattgeschäft

Aufgabe 1.12

Fallbeschreibung:

Sie sind Mitarbeiter/-in im Autohaus Weinhuber in Köln. Zu Ihren Aufgaben gehört auch die Bearbeitung von Reklamationen. Ein langjähriger Kunde reklamiert eine abnehmbare Anhängerkupplung, die Sie laut seiner Aussage vor 5 Monaten in Ihrer Werkstatt eingebaut haben. Ein Sicherungsbolzen ist gebrochen, so dass die Anhängerkupplung nicht mehr gesichert ist.

Aufgabenstellung:

1. Um welchen Mangel handelt es sich hier, welche weiteren Mängel kennen Sie?
2. Inwieweit spielen die Begriffe gesetzliche Gewährleistung (Sachmängelhaftung), Garantie und Kulanz hier eine Rolle? Welchen Einfluss auf Ihre Vorgehensweise hätte es, wenn der Kauf vor 14 Monaten bzw. vor 3 Jahren stattgefunden hätte?
3. Für Reklamationen bei Sachmängeln gelten gesetzliche Vorschriften. Wie lauten die Fristen für eine Reklamation beim Verbrauchsgüterkauf bzw. beim zweiseitigen Handelskauf?
4. Welche Rechte kann ein Kunde aus einer mangelhaften Lieferung geltend machen?
5. Was versteht man unter Reklamationsmanagement? Nehmen Sie kritisch dazu Stellung.

Aufgabe 1.13

Fallbeschreibung:

Sie sind Auszubildende/r im Autohaus Weinhuber in Köln und derzeit im Servicebereich eingesetzt. Während Ihrer Ausbildung werden Sie in der Werkstatt benötigt. Durch die Unterschrift des Kunden auf dem Werkstattauftrag wird ein Rechtsgeschäft abgeschlossen. Um Ihr Rechtsverständnis und Ihre Kenntnisse zu testen, stellt Ihnen der Kundendienstleiter einige Fragen.

Aufgabenstellung:

1. Unterscheiden Sie die beiden Begriffe Rechtsfähigkeit und Geschäftsfähigkeit.
2. Was wird unter Nichtigkeit und was unter Anfechtbarkeit von Rechtsgeschäften verstanden?
3. Welche Fristen gelten für die Anfechtbarkeit von Rechtsgeschäften?
4. Nennen Sie Gründe für die Nichtigkeit bzw. Anfechtung von Rechtsgeschäften.
5. Was bedeutet der Grundsatz der Vertragsfreiheit für Werkverträge?

Kundendienst/Werkstattgeschäft

Aufgabe 1.14

Fallbeschreibung:

Sie sind Auszubildende/r im Autohaus Weinhuber in Köln und im Werkstattbereich eingesetzt. In der Mittagspause unterhalten Sie sich mit einem Kollegen über die unterschiedlichen Unternehmen in der Automobilwirtschaft.

Aufgabenstellung:

1. Erklären Sie den Unterschied zwischen einem klassischen Vertragshändler und einer Werksniederlassung.
2. Welche Serviceleistungen werden in Ihrem Ausbildungsbetrieb durchgeführt?
3. Welche weiteren Dienstleistungsunternehmen kennen Sie innerhalb der Automobilwirtschaft?
4. Der Kunde hat die Möglichkeit, Reparaturen an seinem Fahrzeug in einer Vertragswerkstatt oder in einer freien Werkstatt durchführen zu lassen. Erläutern Sie die Vorteile für den Kunden, wenn er seine Reparaturen durch die Vertragswerkstatt durchführen lässt.

Aufgabe 1.15

Fallbeschreibung:

Sie sind Mitarbeiter/-in im Autohaus Weinhuber in Köln. Ein Kunde erscheint ziemlich aufgebracht am Service Counter. Er hatte sein Fahrzeug in Ihrer Werkstatt zur ersten Jahresinspektion und heute die Rechnung dafür per Post erhalten. Über die Höhe der Rechnung ist er ziemlich ungehalten.

Er ist der Meinung, der Besuch in einer Markenwerkstatt und die Durchführung der vom Hersteller vorgeschriebenen Wartungen bedeutet, dass man sein Geld gleich zum Fenster hinauswerfen kann.

„Einen Stundenverrechnungssatz von 85,00 €, obwohl der Mechaniker wahrscheinlich nur 18,00 € bekommt, ist Halsabschneiderei. Ab sofort gehe ich wieder zu einem Bekannten, der hat eine Tankstelle mit Werkstatt, da ist es viel billiger."

Aufgabenstellung:

1. Was versteht man unter einem Stundenverrechnungssatz und wofür wird er benötigt?
2. Für die Jahresinspektion wurden 18 Arbeitswerte angesetzt. Erklären Sie den Begriff Arbeitswert an einem eigenen Beispiel.
3. Wer entscheidet, wie viele Arbeitswerte berechnet werden? Was geschieht, wenn der Mechaniker mehr bzw. weniger Zeit benötigt als vorgegeben?
4. Besteht ein Unterschied darin, ob die Inspektion teilweise von einem Auszubildenden durchgeführt wurde oder komplett vom Gesellen?
5. Erläutern Sie die Vorteile für den Kunden, wenn er seine Reparaturen durch die Vertragswerkstatt durchführen lässt.

Kundendienst/Werkstattgeschäft

Aufgabe 1.16

Fallbeschreibung:

Sie sind Auszubildende/r im Autohaus Weinhuber in Köln und derzeit im Servicebereich eingesetzt. Während Ihrer Ausbildung werden Sie in der Werkstatt benötigt. Frau Schmidt, eine Studentin, die gerade in Ihrem Autohaus ein Praktikum absolviert, soll ein neues Umweltkonzept erstellen. Sie sollen sie hierbei unterstützen und die Umweltaspekte aus Sicht eines Autohauses bzw. eines Servicebereiches erläutern.

Aufgabenstellung:

1. Nennen Sie mindestens zwei wesentliche, rechtliche Grundlagen zum Bereich Umweltschutz.
2. Wertstoffe und Abfälle müssen in Ihrem Autohaus regelmäßig entsorgt werden. Nach welchen Kriterien werden sie in Ihrem Betrieb getrennt?
3. Nennen Sie die wichtigsten Gefahrstoffe im Autohaus.
4. Beschreiben Sie die Umweltschutzmaßnahmen in Ihrem Betrieb.
5. Nennen Sie verschiedene Möglichkeiten der Energieeinsparung im Autohaus.

Aufgabe 1.17

Fallbeschreibung:

Sie sind Auszubildende/r im Autohaus Weinhuber in Köln und derzeit im Servicebereich eingesetzt. Während Ihrer Ausbildung werden Sie in der Werkstatt benötigt. Bei der Abwicklung eines aufwendigen Reparaturauftrages bietet das Autohaus Weinhuber seinen Kunden auch eine Finanzierungsmöglichkeit an.

Aufgabenstellung:

1. Unterscheiden Sie die Begriffe Autobank, Hausbank und Direktbank.
2. Nennen Sie einige Finanzdienstleistungen Ihrer/einer Autobank.
3. Welche Ziele verfolgen Autobanken durch Leasing- und Finanzierungsangebote für Neu- und Gebrauchtfahrzeuge sowie für Finanzierungen für Werkstattrechnungen?
4. Warum ist das Zinsniveau bei Herstellerkreditbanken meist niedriger als bei klassischen Kreditinstituten?
5. Beim Abschluss eines Kreditvertrages kommt es zu einem Verpflichtungsgeschäft sowie zu einem Erfüllungsgeschäft. Erläutern Sie dies.

Kundendienst/Werkstattgeschäft

Aufgabe 1.18

Fallbeschreibung:

Sie sind Auszubildende/r im Autohaus Weinhuber in Köln und derzeit im Servicebereich eingesetzt. Während Ihrer Ausbildung werden Sie in der Werkstatt benötigt. Ein Stammkunde, Herr Lorenz, möchte seine Werkstattrechnung finanzieren. Dabei ergeben sich einige Fragen.

Aufgabenstellung:

1. Mit Herrn Lorenz muss ein Kreditvertrag abgeschlossen werden. Nennen Sie wesentliche Inhalte eines Kreditvertrages.
2. Die häufigste Finanzierungsmöglichkeit für Werkstattrechnungen ist das Annuitätendarlehen. Erklären Sie diese Kreditart.
3. Wie kann Herr Lorenz die monatlichen Raten bei einem Annuitätendarlehen beeinflussen?
4. Im Kreditvertrag wird der Effektive Jahreszins angegeben. Worin liegt der Unterschied zum Nominal-/Sollzins?
5. Welchen Vorteil bringt das Kreditgeschäft dem Autohaus Weinhuber im Allgemeinen?

Aufgabe 1.19

Fallbeschreibung:

Sie sind Auszubildende/r im Autohaus Weinhuber in Köln und derzeit im Servicebereich eingesetzt. Während Ihrer Ausbildung werden Sie in der Werkstatt benötigt. Bei der Abrechnung von Werkstattaufträgen erhalten Sie unter anderem einen Einblick in die Kreditbearbeitung. Bevor eine Finanzierung abgeschlossen werden kann, muss zunächst eine Bonitätsprüfung durchgeführt werden.

Aufgabenstellung:

1. Was versteht man unter Bonität?
2. Der Kunde muss zunächst ein Formular zur Selbstauskunft ausfüllen. Welche Angaben werden hier abgefragt?
3. Welche Unterlagen benötigen Sie, um die Kreditfähigkeit bzw. die Kreditwürdigkeit eines privaten Kunden zu prüfen?
4. Welche Unterlagen benötigen Sie, um die Kreditfähigkeit bzw. die Kreditwürdigkeit eines gewerblichen Kunden zu prüfen?
5. Unterscheiden Sie Kreditfähigkeit und Kreditwürdigkeit bei Verbrauchern.
6. Welche Möglichkeiten der Kreditsicherung und damit der Minderung des Kreditrisikos kennen Sie?
7. In welchen Fällen leistet die Restschuldversicherung?

2 Fahrzeugtechnik

Notizen

Fahrzeugtechnik

Die folgenden Aufgaben beziehen sich auf das Autohaus Weinhuber
(s. Unternehmensbeschreibung auf S. 11).

Aufgabe 2.01

Fallbeschreibung:

Sie sind Auszubildende/r im Autohaus Weinhuber in Köln und derzeit in der Serviceannahme eingesetzt. Herr Nowitzki, ein langjähriger Kunde, hat seinen Wagen zur Inspektion gebracht. Bei der Direktannahme durch den Werkstattmeister wird festgestellt, dass die Sommerreifen des Fahrzeugs unterschiedliche Profiltiefen an Vorder- und Hinterachse aufweisen.

Aufgabenstellung:

1. Erklären Sie Herrn Nowitzki, wie es zu den unterschiedlichen Profiltiefen gekommen sein könnte.
2. Die Vorderreifen weisen noch 1,4 mm Profiltiefe, die Hinterreifen weisen noch 2,2 mm Profil auf. Was empfehlen Sie Herrn Nowitzki, wie sind die gesetzlichen Bestimmungen?
3. Welcher Unterschied besteht zwischen Sommer- und Winterreifen?
4. Welche Auswirkungen haben breitere bzw. schmalere Reifen im Sommer bzw. im Winter?
5. Nennen Sie Vorteile und Nachteile von Ganzjahresreifen.
6. Welche Bedeutung hat die „M+S"-Kennzeichnung?

Aufgabe 2.02

Fallbeschreibung:

Sie sind Auszubildende/r im Autohaus Weinhuber in Köln. Frau Berger hat einen Satz neuer Winterreifen bei Ihnen bestellt und möchte sie heute abholen. Auf der Rechnung vermerken Sie unter anderem die Reifenbezeichnung M+S 195 / 65 R 14 82 T. Frau Berger hat hierzu noch einige Fragen an Sie.

Aufgabenstellung:

1. Welche Bedeutung hat die „M+S"-Kennzeichnung?
2. Erläutern Sie Frau Berger die restliche Reifenbezeichnung ausführlich.
3. Welche Bedeutung hat der Hinweis „DOT 2618"
4. Welche Folgen hat ein zu hoher / ein zu niedriger Luftdruck?
5. Was versteht man unter Aquaplaning?
6. Welche gesetzliche Regelung bezüglich der Profiltiefe gibt es bei Sommer- bzw. bei Winterreifen? Bei welcher Profiltiefe wird ein Reifenwechsel empfohlen?
7. Frau Berger möchte wissen, wie sie die gewechselten Sommerräder in ihrer Garage lagern soll. Welche Auskunft geben Sie ihr?

Fahrzeugtechnik

Aufgabe 2.03

Fallbeschreibung:

Sie sind Auszubildende/r im Autohaus Weinhuber in Köln und in der Fahrzeugannahme beschäftigt. Sie haben gerade die Möglichkeit, zusammen mit dem Serviceberater ein Gespräch mit dem Neukunden Klaus Alt zu führen. Dabei hat Herr Alt einige Fragen zu seinem neuen Fahrzeug.

Aufgabenstellung:

1. „Mein Neufahrzeug muss ja erst nach einigen Jahren zum TÜV". Nennen Sie Herrn Alt die Vorführfristen für PKW.
2. „Welche Unterlagen werden für die Neuzulassung eines Fahrzeuges benötigt?"
3. Klaus Alt hat sich für ein Dieselfahrzeug entschieden. Nennen Sie Merkmale, die für einen Dieselmotor kennzeichnend sind.
4. Erklären Sie Herrn Alt die Funktionsweise eines Allradantriebs. Welche Vorteile besitzt der Hinterradantrieb, welche Vorteile besitzt ein Fahrzeug mit Vorderradantrieb?
5. Warum muss bei Fahrzeugen mit hydraulischem Bremssystem regelmäßig die Bremsflüssigkeit gewechselt werden?

Aufgabe 2.04

Fallbeschreibung:

Sie sind Auszubildende/r im Autohaus Weinhuber in Köln und derzeit im Servicebereich eingesetzt. Während der Pause in der Berufsschule unterhalten Sie sich mit anderen Auszubildenden über Fahrzeugtechnik.

Aufgabenstellung:

1. Welche Aufgabe hat die Nockenwelle?
2. Erläutern Sie die Funktionsweise einer hydraulischen Bremsanlage.
3. Welche Vorteile bietet das ABS?
4. Erklären Sie die Bedeutung der Felgenkennzeichnung 5 ½ J x 14 H2 ET 12.
5. Nennen Sie acht Beleuchtungseinrichtungen an einem Fahrzeug.
6. Welche Aufgaben erfüllt das Motoröl?

Fahrzeugtechnik

Aufgabe 2.05

Fallbeschreibung:
Sie sind Auszubildende/r im Autohaus Weinhuber in Köln und derzeit im Servicebereich eingesetzt. Während der Pause in der Berufsschule unterhalten Sie sich mit anderen Auszubildenden über Fahrzeugtechnik.

Aufgabenstellung:

1. Erklären Sie den Unterschied zwischen einem Turbolader und einem Kompressor.
2. Beschreiben Sie die Vorgänge während der vier Arbeitstakte eines Ottomotors.
3. Welche Aufgabe hat die Lambdasonde?
4. Welche Vorteile hat ein Einspritzsystem bei einem Ottomotor gegenüber einem Vergaser?
5. Nennen Sie unterschiedliche Motor-Bauformen bezüglich Zylinderzahl und Zylinderanordnung.

Aufgabe 2.06

Fallbeschreibung:
Sie sind Auszubildende/r im Autohaus Weinhuber in Köln und derzeit im Servicebereich eingesetzt. Frau Werner hat sich ein neues Fahrzeug gekauft und ist heute bei Ihnen zum ersten Kundendienst erschienen. Gemeinsam mit dem Werkstattmeister erklären Sie ihr ein paar technische Details.

Aufgabenstellung:

1. Erklären Sie Frau Werner das Grundprinzip des Dieselmotors.
2. Beschreiben Sie Frau Werner die Vorteile eines Dieselmotors gegenüber einem Ottomotor.
3. Ihr Hersteller bietet inzwischen auch Gasfahrzeuge an. Unterscheiden Sie zwischen Erdgasantrieb (CNG) und Autogasantrieb (LPG).
4. Was versteht man unter einem Hybridantrieb?
5. Welche weiteren Antriebskonzepte kennen Sie?

Fahrzeugtechnik

Aufgabe 2.07

Fallbeschreibung:

Sie sind Auszubildende/r im Autohaus Weinhuber in Köln. Frau Maier möchte sich ein neues Fahrzeug kaufen. Vor einer Woche hatten Sie ihr den aktuellen Prospekt des gewünschten Modells übergeben. Beim Studium des Prospekts ergaben sich für Frau Maier einige Fragen, die Sie heute gemeinsam mit dem Serviceberater, Herrn Köhler, beantworten sollen.

Aufgabenstellung:

1. Erläutern Sie Frau Maier die Abkürzungen ABS, ESP, ASR.
2. Erklären Sie die Begriffe aktive und passive Sicherheit und nennen Sie jeweils Beispiele.
3. Frau Maier möchte, dass Sie ihr die Funktionsweise eines Parklenkassistenten beschreiben.
4. Welche Funktion bietet ein Spurhalteassistent, was bewirkt Kurvenlicht?
5. Als Sonderausstattung werden andere Räder/Reifen angeboten. Welche Vorteile haben breitere Reifen bzw. Leichtmetallfelgen gegenüber der Standardbereifung?
6. Nennen Sie Vorteile und Nachteile von Ganzjahresreifen.

Aufgabe 2.08

Fallbeschreibung:

Sie sind Auszubildende/r im Autohaus Weinhuber in Köln und derzeit im Servicebereich eingesetzt. Während Ihrer Ausbildung werden Sie in der Werkstatt benötigt. Bei der Abwicklung eines Reparaturauftrages tauchen immer wieder verschiedene Begriffe auf, die Sie den neuen Auszubildenden erläutern sollen.

Aufgabenstellung:

1. Was unterscheidet Ersatzteile und Zubehör?
2. Bei Ihrer Arbeit werden von Kollegen immer wieder die Begriffe Originalteile, Austauschteile, Gebrauchtteile und Nachbauteile verwendet. Erklären Sie diese Begriffe anhand je eines Beispiels.
3. Welche weiteren Teilebezeichnungen kennen Sie?
4. Erläutern Sie die Betriebserlaubnis für Ersatzteile und Zubehör.
5. Warum dürfen Ersatzteile ohne Betriebserlaubnis nicht verbaut werden?
6. Was ist ein elektronischer Teilekatalog?

Fahrzeugtechnik

Aufgabe 2.09

Fallbeschreibung:

Sie sind Auszubildende/r im Autohaus Weinhuber in Köln und derzeit im Servicebereich eingesetzt. Während Ihrer Ausbildung werden Sie in der Werkstatt benötigt. Bei der Abwicklung eines Reparaturauftrages tauchen immer wieder verschiedene Begriffe auf, die Sie den neuen Auszubildenden erläutern sollen.

Aufgabenstellung:

1. Bei einem Fahrzeug wird zwischen verschiedenen Systemen unterschieden, z. B. werden die mechanischen Systeme in Motor, Getriebe und Fahrwerk eingeteilt. Nennen Sie drei weitere Systeme, die in einem modernen Fahrzeug verbaut sind.

2. Welche Bestandteile gehören zum Fahrwerk eines Fahrzeuges?

3. Hydraulische Systeme werden an unterschiedlichen Stellen im Fahrzeug mit unterschiedlichen Aufgaben verwendet. An welchen Stellen findet Hydrauliköl Verwendung?

4. Unterscheiden Sie die Trommelbremse von der Scheibenbremse.

5. Bremsflüssigkeit ist hygroskopisch. Was bedeutet dies für die Bremswirkung eines Fahrzeuges?

Notizen

3 Beschaffung, Lager, Teile und Zubehör

AGB für den Verkauf neuer und gebrauchter Fahrzeugteile

Das Autohaus Klaus Weinhuber GmbH verwendet für das Werkstattgeschäft folgende, vom ZDK herausgegebene **Allgemeine Geschäftsbedingungen für den Verkauf neuer und gebrauchter Fahrzeugteile**.

Allgemeine Geschäftsbedingungen für den Verkauf neuer und gebrauchter Fahrzeugteile

Unverbindliche Empfehlung des Zentralverbandes Deutsches Kraftfahrzeuggewerbe e. V. (ZDK)

-Teileverkaufsbedingungen-

Stand: 01/2022

I. Zahlung

1. Der Kaufpreis und Preise für Nebenleistungen sind bei Übergabe des Kaufgegenstandes und Aushändigung oder Übersendung der Rechnung zur Zahlung fällig.

2. Gegen Ansprüche des Verkäufers kann der Käufer nur dann aufrechnen, wenn die Gegenforderung des Käufers unbestritten ist oder ein rechtskräftiger Titel vorliegt. Hiervon ausgenommen sind Gegenforderungen des Käufers aus demselben Kaufvertrag. Ein Zurückbehaltungsrecht kann er nur geltend machen, soweit es auf Ansprüchen aus demselben Vertragsverhältnis beruht.

3. Zahlt der Käufer den fälligen Kaufpreis und Preise für Nebenleistungen nicht oder nicht vertragsgemäß, kann der Verkäufer vom Vertrag zurücktreten und/oder bei schuldhafter Pflichtverletzung des Käufers Schadensersatz statt der Leistung verlangen, wenn er dem Käufer erfolglos eine angemessene Frist zur Leistung bestimmt hat, es sei denn, die Fristsetzung ist entsprechend den gesetzlichen Bestimmungen entbehrlich.

II. Lieferung und Lieferverzug

1. Liefertermine und Lieferfristen, die verbindlich oder unverbindlich vereinbart werden können, sind in Textform anzugeben. Lieferfristen beginnen mit Vertragsabschluss.

2. Der Käufer kann zehn Tage nach Überschreiten eines unverbindlichen Liefertermins oder einer unverbindlichen Lieferfrist den Verkäufer auffordern, zu liefern. Mit dem Zugang der Aufforderung kommt der Verkäufer in Verzug.

Hat der Käufer Anspruch auf Ersatz eines Verzugsschadens, beschränkt sich dieser bei leichter Fahrlässigkeit des Verkäufers auf höchstens 5% des vereinbarten Kaufpreises.

3. Will der Käufer darüber hinaus vom Vertrag zurücktreten und/oder Schadensersatz statt der Leistung verlangen, muss er dem Verkäufer nach Ablauf der Zehn-Tages-Frist gemäß Ziffer 2 dieses Abschnitts eine angemessene Frist zur Lieferung setzen.

Hat der Käufer Anspruch auf Schadensersatz statt der Leistung, beschränkt sich der Anspruch bei leichter Fahrlässigkeit auf höchstens 25% des vereinbarten Kaufpreises. Ist der Käufer eine juristische Person des öffentlichen Rechts, ein öffentlich-rechtliches Sondervermögen oder ein Unternehmer, der bei Abschluss des Vertrages in Ausübung seiner gewerblichen oder selbständigen beruflichen Tätigkeit handelt, sind Schadensersatzansprüche bei leichter Fahrlässigkeit ausgeschlossen.

Wird dem Verkäufer, während er in Verzug ist, die Lieferung durch Zufall unmöglich, so haftet er mit den vorstehend vereinbarten Haftungsbegrenzungen. Der Verkäufer haftet nicht, wenn der Schaden auch bei rechtzeitiger Lieferung eingetreten wäre.

4. Wird ein verbindlicher Liefertermin oder eine verbindliche Lieferfrist überschritten, kommt der Verkäufer bereits mit Überschreiten des Liefertermins oder der Lieferfrist in Verzug. Die Rechte des Käufers bestimmen sich dann nach Ziffer 2, Satz 3 und Ziffer 3 dieses Abschnitts.

5. Die Haftungsbegrenzungen und Haftungsausschlüsse dieses Abschnitts gelten nicht für Schäden, die auf einer grob fahrlässigen oder vorsätzlichen Verletzung von Pflichten des Verkäufers, seines gesetzlichen Vertreters oder seines Erfüllungsgehilfen beruhen sowie bei Verletzung von Leben, Körper oder Gesundheit.

6. Höhere Gewalt oder beim Verkäufer oder dessen Lieferanten eintretende Betriebsstörungen, die den Verkäufer ohne eigenes Verschulden vorübergehend daran hindern, den Kaufgegenstand zum vereinbarten Termin oder innerhalb der vereinbarten Frist zu liefern, verändern die in Ziffern 1 bis 4 dieses Abschnitts genannten Termine und Fristen um die Dauer der durch diese Umstände bedingten Leistungsstörungen. Führen entsprechende Störungen zu einem Leistungsaufschub von mehr als vier Monaten, kann der Käufer vom Vertrag zurücktreten. Andere Rücktrittsrechte bleiben davon unberührt.

III. Abnahme

1. Der Käufer ist verpflichtet, den Kaufgegenstand innerhalb von acht Tagen ab Zugang der Bereitstellungsanzeige abzunehmen. Im Falle der Nichtabnahme kann der Verkäufer von seinen gesetzlichen Rechten Gebrauch machen.

AGB für den Verkauf neuer und gebrauchter Fahrzeugteile

2. Verlangt der Verkäufer Schadensersatz aufgrund eines gesetzlichen Anspruchs, so beträgt dieser 10% des Kaufpreises. Der Schadenersatz ist höher oder niedriger anzusetzen, wenn der Verkäufer einen höheren Schaden nachweist oder der Käufer nachweist, dass ein geringerer oder überhaupt kein Schaden entstanden ist.

IV. Eigentumsvorbehalt

1. Der Kaufgegenstand bleibt bis zum Ausgleich der dem Verkäufer aufgrund des Kaufvertrages zustehenden Forderungen Eigentum des Verkäufers.

Ist der Käufer eine juristische Person des öffentlichen Rechts, ein öffentlich-rechtliches Sondervermögen oder ein Unternehmer, der bei Abschluss des Vertrages in Ausübung seiner gewerblichen oder selbständigen beruflichen Tätigkeit handelt, bleibt der Eigentumsvorbehalt auch bestehen für Forderungen des Verkäufers gegen den Käufer aus der laufenden Geschäftsbeziehung bis zum Ausgleich von in Zusammenhang mit dem Kauf zustehenden Forderungen.

Auf Verlangen des Käufers ist der Verkäufer zum Verzicht auf den Eigentumsvorbehalt verpflichtet, wenn der Käufer sämtliche mit dem Kaufgegenstand im Zusammenhang stehende Forderungen unanfechtbar erfüllt hat und für die übrigen Forderungen aus den laufenden Geschäftsbeziehungen eine angemessene Sicherung besteht.

2. Der Käufer ist berechtigt, den Kaufgegenstand im ordnungsgemäßen Geschäftsverkehr zu verarbeiten und zu veräußern, solange er nicht in Verzug ist. Verpfändungen oder Sicherungsübereignungen sind unzulässig. Die aus dem Weiterverkauf oder einem sonstigen Rechtsgrund bezüglich des Kaufgegenstandes entstehenden Forderungen tritt der Käufer bereits jetzt sicherungshalber in Höhe des Rechnungsbetrages gemäß Abschnitt I. „Zahlung", Ziffer 1 an den Verkäufer ab. Der Verkäufer ermächtigt ihn widerruflich, die an den Verkäufer abgetretenen Forderungen für dessen Rechnung im eigenen Namen einzuziehen. Diese Einziehungsermächtigung kann nur widerrufen werden, wenn der Käufer seinen Zahlungsverpflichtungen nicht ordnungsgemäß nachkommt.

V. Haftung für Sachmängel und Rechtsmängel

1. Ansprüche des Käufers wegen Sachmängeln und Rechtsmängeln verjähren entsprechend den gesetzlichen Bestimmungen in zwei Jahren ab dem Zeitpunkt der Übergabe des Kaufgegenstandes an den Käufer.

1.a. Sofern der Käufer ein Verbraucher im Sinne von § 13 BGB ist, kann beim Verkauf gebrauchter Teile eine Verkürzung der zweijährigen Verjährungsfrist für Sachmängel und Rechtsmängel auf nicht weniger als ein Jahr ab dem Zeitpunkt der Übergabe des Kaufgegenstandes an den Käufer nur wirksam vereinbart werden, wenn der Käufer vor Abgabe seiner Vertragserklärung von der Verkürzung der Verjährungsfrist eigens in Kenntnis gesetzt und die Verkürzung im Vertrag ausdrücklich und gesondert vereinbart wird.

Für Sach- und Rechtsmängel an Waren mit digitalen Elementen gelten für die digitalen Elemente nicht die Bestimmungen dieses Abschnittes, sondern die gesetzlichen Regelungen.

1.b. Wenn der Käufer eine juristische Person des öffentlichen Rechts, ein öffentlich-rechtliches Sondervermögen oder ein Unternehmer ist, der bei Abschluss des Vertrages in Ausübung seiner gewerblichen oder selbständigen beruflichen Tätigkeit handelt, verjähren die Ansprüche wegen Sachmängeln und Rechtsmängeln bei neuen Fahrzeugteilen in einem Jahr ab dem Zeitpunkt der Übergabe des Kaufgegenstandes an den Käufer; bei gebrauchten Fahrzeugteilen ist die Sachmängelhaftung ausgeschlossen.

2. Sofern eine Verkürzung der Verjährungsfrist mit einem Verbraucher (siehe Ziffer 1.a.) oder einem Käufer nach Ziffer 1.b. vereinbart wurde oder die Verjährung gegenüber einem Käufer nach Ziffer 1.b. ausgeschlossen wurde, gelten die Verjährungsverkürzungen und der Ausschluss der Sachmängelhaftung nicht für Schäden, die auf einer grob fahrlässigen oder vorsätzlichen Verletzung von Pflichten des Verkäufers, seines gesetzlichen Vertreters oder seines Erfüllungsgehilfen beruhen sowie bei der Verletzung von Leben, Körper oder Gesundheit.

3. Hat der Verkäufer aufgrund der gesetzlichen Bestimmungen für einen Schaden aufzukommen, der leicht fahrlässig verursacht wurde, so haftet der Verkäufer beschränkt:
Die Haftung besteht nur bei Verletzung vertragswesentlicher Pflichten, etwa solcher, die der Kaufvertrag dem Verkäufer nach seinem Inhalt und Zweck gerade auferlegen will oder deren Erfüllung die ordnungsgemäße Durchführung des Kaufvertrages überhaupt erst ermöglicht und auf deren Einhaltung der Käufer regelmäßig vertraut und vertrauen darf. Diese Haftung ist auf den bei Vertragsabschluss vorhersehbaren typischen Schaden begrenzt.

Ausgeschlossen ist die persönliche Haftung der gesetzlichen Vertreter, Erfüllungsgehilfen und Betriebsangehörigen des Verkäufers für von

AGB für den Verkauf neuer und gebrauchter Fahrzeugteile

Ihnen durch leichte Fahrlässigkeit verursachte Schäden.

Für die vorgenannte Haftungsbegrenzung und den vorgenannten Haftungsausschluss gilt Ziffer 2 dieses Abschnitts entsprechend.

4. Unabhängig von einem Verschulden des Verkäufers bleibt eine etwaige Haftung des Verkäufers bei arglistigem Verschweigen eines Mangels, aus der Übernahme einer Garantie oder eines Beschaffungsrisikos und nach dem Produkthaftungsgesetz unberührt.

5. Soll eine Mängelbeseitigung durchgeführt werden, gilt folgendes:

a) Ansprüche auf Mängelbeseitigung hat der Käufer beim Verkäufer geltend zu machen. Bei mündlichen Anzeigen von Ansprüchen ist dem Käufer eine Bestätigung über den Eingang der Anzeige in Textform auszuhändigen.

b) Ersetzte Teile werden Eigentum des Verkäufers.

VI. Haftung für sonstige Ansprüche

1. Für sonstige Ansprüche des Käufers, die nicht in Abschnitt V. „Haftung für Sachmängel und Rechtsmängel" geregelt sind, gelten die gesetzlichen Verjährungsfristen.

2. Die Haftung wegen Lieferverzuges ist in Abschnitt II. „Lieferung und Lieferverzug" abschließend geregelt. Für sonstige Schadensersatzansprüche gegen den Verkäufer gelten die Regelungen in Abschnitt V. „Haftung für Sachmängel und Rechtsmängel", Ziffer 3 und 4 entsprechend.

3. Wenn der Käufer ein Verbraucher im Sinne von § 13 BGB ist, und Vertragsgegenstand auch die Bereitstellung digitaler Inhalte oder digitaler Dienstleistungen ist, wobei das Teil seine Funktion auch ohne diese digitalen Produkte erfüllen kann, gelten für diese digitalen Inhalte oder digitalen Dienstleistungen die gesetzlichen Vorschriften der §§ 327 ff BGB.

VII. Gerichtsstand

1. Für sämtliche gegenwärtigen und zukünftigen Ansprüche aus der Geschäftsverbindung mit Kaufleuten einschließlich Wechsel- und Scheckforderungen ist ausschließlicher Gerichtsstand der Sitz des Verkäufers.

2. Der gleiche Gerichtsstand gilt, wenn der Käufer keinen allgemeinen Gerichtsstand im Inland hat, nach Vertragsabschluss seinen Wohnsitz oder gewöhnlichen Aufenthaltsort aus dem Inland verlegt oder sein Wohnsitz oder gewöhnlicher Aufenthaltsort zum Zeitpunkt der Klageerhebung nicht bekannt ist. Im Übrigen gilt bei Ansprüchen des Verkäufers gegenüber dem Käufer dessen Wohnsitz als Gerichtsstand.

VIII. Hinweis gemäß § 36 Verbraucherstreitbeilegungsgesetz (VSBG)

Der Verkäufer wird nicht an einem Streitbeilegungsverfahren vor einer Verbraucherschlichtungsstelle im Sinne des VSBG teilnehmen und ist hierzu auch nicht verpflichtet.

Beschaffung, Lager, Teile und Zubehör

Die folgenden Aufgaben beziehen sich auf das Autohaus Weinhuber
(s. Unternehmensbeschreibung auf S. 11).

Aufgabe 3.01

Fallbeschreibung:

Als Urlaubsvertretung sind Sie derzeit im Lager des Autohauses Weinhuber in Köln beschäftigt. Für einen Kundenauftrag wird eine Sendung für den Teile- und Zubehörbereich angeliefert. Es handelt sich um fünf Auspufftöpfe in einer Gitterbox, drei jeweils einzeln verpackte Dachgepäckboxen, drei Kartons mit insgesamt neun Nachrüst-Navigationsgeräten und zwei Kartons mit Zusatz-Nebelscheinwerfern und Mini-LED-Blinkleuchten.

Aufgabenstellung:

1. Die Lieferung erfolgt durch einen KEP-Dienst. Was müssen Sie zunächst in Anwesenheit des Frachtführers überprüfen?
2. Wofür steht die Abkürzung KEP-Dienst?
3. Auf welche Unterlagen könnten Sie nach dem Öffnen der Sendung zur Warenkontrolle zurückgreifen?
4. Nach welchen Kriterien kontrollieren Sie die Ware?
5. Ein Auspufftopf, der für den Kundenauftrag bestellt wurde, hat einen Riss an einer Schweißnaht und ist so nicht zu verwenden. Welche Maßnahmen ergreifen Sie?
6. Innerhalb welcher Frist müssen Sie die angelieferten Artikel prüfen, um keine rechtlichen Nachteile zu haben?
7. Welche Prüfpflicht gilt für Verbraucher?

Beschaffung, Lager, Teile und Zubehör

Aufgabe 3.02

Fallbeschreibung:
Sie sind Auszubildende/r im Autohaus Weinhuber in Köln und derzeit im Servicebereich eingesetzt. Seit Anfang des Jahres gelten für Ihr Autohaus die neu gestalteten Allgemeinen Verkaufs-, Lieferungs- und Zahlungsbedingungen, kurz Allgemeine Geschäftsbedingungen oder AGB. Der Hinweis auf die neuen AGB verwundert einen langjährigen Kunden, Herr Fritz Klein. In einem Gespräch sollen Sie ihm mehrere Fragen beantworten.

Aufgabenstellung:

1. Welche Bedeutung haben Allgemeine Geschäftsbedingungen?

2. Welche typischen Regelungen für Kaufverträge werden normalerweise für alle Kunden einheitlich gestaltet und eignen sich deshalb für die Allgemeinen Verkaufs-, Lieferungs- und Zahlungsbedingungen? Nennen Sie 5 Beispiele.

3. Welche Voraussetzungen müssen erfüllt sein, damit die Allgemeinen Geschäftsbedingungen Bestandteil eines Kaufvertrags werden?

4. Welche gesetzlichen Beschränkungen für die freie Gestaltung von AGB bestehen und müssen deshalb bei der Formulierung der AGB beachtet werden?

5. Wie ist die Rechtslage, wenn eine für einen Kaufvertrag notwendige Regelung nicht in den Allgemeinen Geschäftsbedingungen zu finden ist und auch keine individuelle Vereinbarung mit dem Kunden getroffen wurde?

6. Der Zentralverband Deutsches Kraftfahrzeuggewerbe e. V. stellt den Autohäusern verschiedene Muster-AGB zur Verfügung, die auch im Autohaus Weinhuber angepasst und in verschiedenen Bereichen eingesetzt werden. Für welche Bereiche innerhalb Ihres Ausbildungsbetriebes werden AGB eingesetzt und wie heißen diese?

Beschaffung, Lager, Teile und Zubehör

Aufgabe 3.03

Fallbeschreibung:

Sie werden derzeit im Autohaus Weinhuber in Köln im Einkauf eingesetzt. Für einen Werkstattkunden, bei dessen Fahrzeug umfangreiche Umbaumaßnahmen durchgeführt werden sollen, müssen Sie diverse Teile beschaffen. Das Fahrzeug steht abgemeldet seit letzter Woche in Ihrem Autohaus, die Fertigstellung ist in drei Monaten geplant.

Aufgabenstellung:

1. Zunächst sollen Sie eine neue Bezugsquelle für ein verchromtes Anzeigeinstrument ermitteln. Welche Möglichkeiten der Bezugsquellenermittlung kennen Sie?
2. Vor zwei Wochen haben Sie Anfragen an zwei potenzielle Lieferanten für Chromfelgen verschickt. Welche rechtliche Bedeutung hat eine Anfrage?
3. Auf Grund Ihrer Anfragen erhielten Sie zwei Angebote. Sie haben das preisgünstigste ermittelt. Gibt es daneben noch andere Kriterien, die Sie bei der Lieferantenauswahl berücksichtigen können?
4. Wie lange sind Lieferer an ihr Angebot gebunden, bis wann muss die Annahme erfolgen?
5. Was versteht man unter einer Freizeichnungsklausel? Nennen Sie zwei Beispiele.
6. Was sind Anpreisungen? Welche rechtlichen Folgen ergeben sich dadurch für den Anbieter bzw. den Kunden?

Aufgabe 3.04

Fallbeschreibung:

Sie werden derzeit im Autohaus Weinhuber in Köln im Einkauf eingesetzt. Für einen Werkstattkunden, bei dessen Fahrzeug umfangreiche Umbaumaßnahmen durchgeführt werden sollen, müssen Sie diverse Teile beschaffen. Das Fahrzeug steht abgemeldet seit letzter Woche in Ihrem Autohaus, die Fertigstellung ist in drei Monaten geplant. Nachdem Sie bereits den Angebotsvergleich durchgeführt haben, ergeben sich noch einige Fragen.

Aufgabenstellung:

1. Erklären Sie den einfachen, den verlängerten und den erweiterten Eigentumsvorbehalt.
2. Was bedeutet Erfüllungsort und Gerichtsstand?
3. Welche Regelungen im Hinblick auf die Beförderungskosten kennen Sie?
4. Welche Zahlungsbedingungen bezüglich des Zahlungszeitpunktes kennen Sie?
5. Im Rahmen der Bezugskosten ist von Wert- und Gewichtsspesen die Rede. Wie werden sie berechnet? Nennen Sie Beispiele.

Beschaffung, Lager, Teile und Zubehör

Aufgabe 3.05

Fallbeschreibung:

Sie werden derzeit im Autohaus Weinhuber in Köln im Einkauf eingesetzt. Für einen Werkstattkunden, bei dessen Fahrzeug umfangreiche Umbaumaßnahmen durchgeführt werden sollen, müssen Sie diverse Teile beschaffen. Das Fahrzeug steht abgemeldet seit letzter Woche in Ihrem Autohaus, die Fertigstellung ist in drei Monaten geplant. Im Zusammenhang mit der Teilebestellung für diesen Werkstattauftrag ergeben sich weitere Fragen, die Sie mit dem Leiter Teile und Zubehör, Herrn Wachter, besprechen.

Aufgabenstellung:

1. Bei der Beschaffungsplanung besteht ein grundsätzlicher Zielkonflikt. Welche Folgen hat der Einkauf großer Mengen bzw. der Einkauf kleiner Mengen?
2. Bei der Teiledisposition muss der gewünschte Servicegrad berücksichtigt werden. Was versteht man unter dem Servicegrad?
3. Bestellungen von Ersatzteilen und Zubehör können nach dem Bestellpunktverfahren bzw. nach dem Bestellrhythmusverfahren durchgeführt werden. Beschreiben Sie diese beiden Verfahren. Welche Teile aus dem Sortiment eignen sich für das jeweilige Verfahren?
4. Erklären Sie die Begriffe Höchstbestand, Meldebestand, Mindestbestand.
5. Bei der Beschaffung entstehen unterschiedliche Kosten. Was zählt zu den Beschaffungskosten, was zu den Lagerkosten?

Aufgaben 3.06

Fallbeschreibung:

Sie werden derzeit im Autohaus Weinhuber in Köln im Einkauf eingesetzt. Für einen Werkstattkunden, bei dessen Fahrzeug umfangreiche Umbaumaßnahmen durchgeführt werden sollen, müssen Sie diverse Teile beschaffen. Das Fahrzeug steht abgemeldet seit letzter Woche in Ihrem Autohaus, die Fertigstellung ist in drei Monaten geplant. Im Zusammenhang mit der Teilebestellung für diesen Werkstattauftrag ergeben sich weitere Fragen, die Sie mit dem Leiter Teile und Zubehör, Herrn Wachter, besprechen.

Bei der Beschaffung von Teilen und Zubehör spielt die ABC-Analyse eine wichtige Rolle.

Aufgabenstellung:

1. Warum werden Warenanalysen durchgeführt?
2. Erklären Sie die Begriffe Wareneinsatz, Absatz und Umsatz.
3. Beschreiben Sie A-, B- und C-Güter.
4. Wie wird die ABC-Analyse durchgeführt?
5. Welche Auswirkungen hat die ABC-Analyse auf die Beschaffung?

Beschaffung, Lager, Teile und Zubehör

Aufgaben 3.07

Fallbeschreibung:

Sie werden derzeit im Autohaus Weinhuber in Köln im Einkauf eingesetzt. Für einen Werkstattkunden, bei dessen Fahrzeug umfangreiche Umbaumaßnahmen durchgeführt werden sollen, müssen Sie diverse Teile beschaffen. Das Fahrzeug steht abgemeldet seit letzter Woche in Ihrem Autohaus, die Fertigstellung ist in drei Monaten geplant.

Ein Teil der für diesen Werkstattauftrag bestellten Zubehörteile ist gerade in mehreren Kartons angekommen. Nun sollen Sie die angelieferten Teile kontrollieren und anschließend einlagern. Dabei stellen Sie einige Mängel fest.

Aufgabenstellung:

1. Einige Teile weisen Fehler auf, es liegen sogenannte Sachmängel vor. Unterscheiden Sie mindestens fünf Sachmängel mit entsprechenden Beispielen.
2. Was versteht man unter einem Rechtsmangel?
3. Erklären Sie die Begriffe offener Mangel, versteckter Mangel, arglistig verschwiegener Mangel an je einem Beispiel.
4. Was ist eine Mängelrüge und welche Rügepflichten gibt es?
5. Was bedeutet der Begriff Beweislastumkehr, und was hat sich hier seit dem 01.01.2022 geändert?
6. Welche Möglichkeiten der Nacherfüllung kennen Sie?

Beschaffung, Lager, Teile und Zubehör

Aufgabe 3.08

Fallbeschreibung:

Sie werden derzeit im Autohaus Weinhuber in Köln im Einkauf eingesetzt. Für einen Werkstattkunden, bei dessen Fahrzeug umfangreiche Umbaumaßnahmen durchgeführt werden sollen, müssen Sie diverse Teile beschaffen. Das Fahrzeug steht abgemeldet seit letzter Woche in Ihrem Autohaus, die Fertigstellung ist in drei Monaten geplant.

Ein Teil der für diesen Werkstattauftrag bestellten Zubehörteile ist gerade in mehreren Kartons angekommen. Bei der Lieferung waren auch andere Teile dabei, die Sie für das Lager bestellt haben. In einem Gespräch mit anderen Auszubildenden ergeben sich Fragen, die Sie erklären können.

Aufgabenstellung:

1. In der Berufsschule wurde gerade die Lagerorganisation behandelt. Erklären Sie den Unterschied zwischen chaotischer Lagerung mit Lagerortsystem und dem Festplatzsystem.
2. Was versteht man unter dem optimalen Lagerbestand, durch welche Faktoren wird er beeinflusst?
3. Nennen und erklären Sie drei Lagerkennzahlen.
4. Im Ersatzteillager fällt täglich eine Menge Abfall an. Gehen Sie kritisch auf das Abfallproblem ein, wie ist dies in Ihrem Ausbildungsbetrieb geregelt?
5. In Kfz-Betrieben werden viele Materialien, die Gefahrstoffe enthalten, verwendet und gelagert. Welche typischen Gefahrstoffe werden in Ihrem Autohaus gelagert?

Beschaffung, Lager, Teile und Zubehör

Aufgabe 3.09

Fallbeschreibung:

Sie werden derzeit im Autohaus Weinhuber in Köln im Einkauf eingesetzt. Für einen Werkstattkunden, bei dessen Fahrzeug umfangreiche Umbaumaßnahmen durchgeführt werden sollen, müssen Sie diverse Teile beschaffen. Das Fahrzeug steht abgemeldet seit letzter Woche in Ihrem Autohaus, die Fertigstellung ist in drei Monaten geplant.

Ein Teil der für diesen Werkstattauftrag bestellten Zubehörteile ist gerade in mehreren Kartons angekommen. Bei der Lieferung waren auch andere Teile dabei, die Sie für das Lager bestellt haben. In einem Gespräch mit anderen Auszubildenden ergeben sich Fragen, die Sie erklären können.

Aufgabenstellung

1. Wie kommt jeder Kaufvertrag generell zustande? Erklären Sie diesen Vorgang zunächst allgemein und nennen Sie dann zwei Möglichkeiten, wie ein Kaufvertrag zustande kommen kann.

2. Aus dem Abschluss eines Kaufvertrages ergeben sich mehrere Rechtsfolgen. Erklären Sie die Begriffe Verpflichtungsgeschäft und Erfüllungsgeschäft.

3. Was sollte aus Ihrer Sicht im Kaufvertrag vereinbart werden, um Missverständnisse zu vermeiden? Nennen Sie hierzu 5 Beispiele.

4. Die Vereinbarungen im Kaufvertrag werden in der Regel vom Verkäufer zu seinen Gunsten formuliert, anderenfalls gelten die gesetzlichen Regelungen. Nennen Sie 3 Beispiele, bei denen die individuelle Formulierung von der gesetzlichen Regelung abweichen kann.

5. Unterscheiden Sie bürgerlichen Kauf, einseitigen bzw. zweiseitigen Handelskauf.

Beschaffung, Lager, Teile und Zubehör

Aufgabe 3.10

Fallbeschreibung:

Seit 4 Wochen sind Sie im Autohaus Weinhuber in Köln im Ersatzteillager beschäftigt und für den Versand von Lieferungen an diverse Kunden (gewerbliche und private) zuständig. Letzte Woche haben Sie fristgemäß eine Lieferung an die freie Werkstatt Müller in Köln kommissioniert und versendet.

Heute ist die Lieferung zurückgekommen mit dem Vermerk: „Annahme verweigert".

Aufgabenstellung:

1. Was bedeutet dieser Vermerk, welche Voraussetzungen für einen Annahmeverzug müssen vorliegen?
2. Welche Rechte haben Sie als Lieferer beim Annahmeverzug?
3. Auf der Rückfahrt vom Kunden kommt es auf Grund von Glatteis zu einem Verkehrsunfall, bei dem die Sendung zerstört wird. Wie ist die Haftung in diesem Fall geregelt?
4. In einer Fachzeitschrift lesen Sie einen Artikel, in dem von einer defekten Leichtmetallfelge die Rede ist. Bei einem Autofahrer brach die Radschraubenaufnahme und es kam zu einem Unfall. Die gleiche Leichtmetallfelge haben Sie kürzlich an einen Kunden verkauft. Was besagt hier das Produkthaftungsgesetz?
5. Wer haftet für entstandene Schäden im Rahmen des Produkthaftungsgesetzes?

4 Marketing/Absatz

Notizen

Marketing/Absatz

Die folgenden Aufgaben beziehen sich auf das Autohaus Weinhuber
(s. Unternehmensbeschreibung auf S. 11).

Aufgabe 4.01

Fallbeschreibung:

Sie sind Mitarbeiter/-in im Autohaus Weinhuber in Köln. Der Geschäftsführer plant, neben dem kostenlosen Verleih von Werkstattersatzwagen für die Werkstattkunden auch ins Mietwagengeschäft einzusteigen. Sie sollen nun Chancen, aber auch die Risiken für das Autohaus Weinhuber herausfinden und die Informationen für Ihren Geschäftsführer aufbereiten.

Aufgabenstellung:

1. Welche Möglichkeiten haben Sie, Marktchancen zu ermitteln?
2. Die Entscheidung ist gefallen: Sie sollen eine geeignete Werbestrategie entwerfen. Welche Werbemittel und welche Werbeträger kennen Sie?
3. Was versteht man unter Marktsegmentierung?
4. Inwieweit ist beim Mietwagengeschäft „Preisdifferenzierung" möglich, welche Arten der Preisdifferenzierung gibt es?
5. „Autohaus Weinhuber – Deutschlands günstigste Autovermietung"
Begründen Sie, ob Sie diesen Slogan des Geschäftsführers verwenden dürfen.
6. Die Marketingstrategie wurde bereits umgesetzt. In diesem Zusammenhang wird von Budgetierung und Werbeerfolgskontrolle gesprochen. Erklären Sie diese Begriffe, und was bedeutet das für die Marketingstrategie?

Aufgabe 4.02

Fallbeschreibung:

Sie sind als Auszubildende/r im Autohaus Weinhuber in Köln dem Geschäftsführer zugeteilt. Er ist gerade damit beschäftigt, das betriebliche Marketing im Hinblick auf das Werkstattgeschäft zu überdenken und neu zu strukturieren. Zunächst hat er einige allgemeine Fragen zum Thema Marketing.

Aufgabenstellung:

1. Was versteht man unter dem „Marketing-Mix"?
2. Was bedeutet Produkt- und Sortimentspolitik? Nennen Sie Beispiele aus dem Werkstattbereich.
3. Erklären Sie den Begriff Kommunikationspolitik.
4. Welche Möglichkeiten der Preispolitik beim Werkstattgeschäft hat ein Autohaus, welche Einflussfaktoren bestimmen die Preispolitik?
5. Erklären Sie die AIDA-Formel.
6. Was versteht man im Marketing unter Streukreis, Streugebiet, Streuzeit und Streuweg?

Marketing/Absatz

Aufgabe 4.03

Fallbeschreibung:

Sie sind als Auszubildende/r im Autohaus Weinhuber in Köln dem Geschäftsführer zugeteilt. Er ist gerade damit beschäftigt, das betriebliche Marketing im Hinblick auf das Werkstattgeschäft zu überdenken und neu zu strukturieren. Zunächst hat er einige allgemeine Fragen zum Thema Marketing.

Aufgabenstellung:

1. Was ist Merchandising, was bedeutet Sales Promotion?
2. Erklären Sie die Begriffe Public Relations und Corporate Identity.
3. Wodurch unterscheidet sich Primär- und Sekundärforschung, nennen Sie jeweils ein Beispiel.
4. Was bedeutet Marktforschung? Unterscheiden Sie zwischen Marktanalyse und Marktbeobachtung.
5. Erklären Sie anhand von Beispielen aus dem Teile- und Zubehörshop Ihres Ausbildungsbetriebes die Begriffe breites und tiefes Sortiment, sowie Kern- und Randsortiment.

Aufgabe 4.04

Fallbeschreibung:

Sie sind als Auszubildende/r im Autohaus Weinhuber in Köln dem Geschäftsführer zugeteilt. Er ist gerade damit beschäftigt, das betriebliche Marketing im Hinblick auf das Werkstattgeschäft zu überdenken und neu zu strukturieren. Sie werden dem Projektteam „50-jähriges Jubiläum" des Autohauses zugeteilt. Gemeinsam mit den Teammitgliedern sollen Sie einen „Tag der offenen Werkstatt" für dieses Jubiläum planen.

Aufgabenstellung:

1. Welche Punkte müssen Sie bei der Planung des Events „Tag der offenen Werkstatt" berücksichtigen?
2. Welche Aufgaben fallen während des Events an?
3. Worauf müssen Sie nach dem Event achten?
4. Wie können Sie den „Tag der offenen Werkstatt" evaluieren?

Marketing/Absatz

Aufgabe 4.05

Fallbeschreibung:

Sie sind als Auszubildende/r im Autohaus Weinhuber in Köln dem Geschäftsführer zugeteilt. Er ist gerade damit beschäftigt, das betriebliche Marketing im Hinblick auf das Werkstattgeschäft zu überdenken und neu zu strukturieren. Sie werden dem Projektteam „50-jähriges Jubiläum" des Autohauses zugeteilt. Gemeinsam mit den Teammitgliedern sollen Sie einen „Tag der offenen Werkstatt" für dieses Jubiläum planen.

Aufgabenstellung:

1. Was versteht man im Zusammenhang mit der Kommunikationspolitik als Marketing-Mix?
2. Im Zusammenhang mit dem „Tag der offenen Werkstatt" sollen Sie im Rahmen der Preispolitik Möglichkeiten der Preisdifferenzierung untersuchen. Was versteht man bei der Preispolitik unter Preisdifferenzierung?
3. Nennen Sie zwei Möglichkeiten der Preisdifferenzierung.
4. Für den „Tag der offenen Werkstatt" sollen Sie Vorschläge über Werbemittel und Werbeträger machen. Unterscheiden Sie Werbemittel und Werbeträger und schlagen Sie je ein geeignetes Beispiel für den „Tag der offenen Werkstatt" vor.

Aufgabe 4.06

Fallbeschreibung:

Sie sind als Auszubildende/r im Autohaus Weinhuber in Köln dem Vertriebsleiter zugeteilt. Er hat gerade einen neuen Flyer über die Serviceangebote in Ihrer Werkstatt gestaltet, den er unter anderem in der Fußgängerzone verteilen möchte. Außerdem hat er von einem Adressenverlag Telefonnummern von potenziellen Kunden erworben, die seine Mitarbeiter in den nächsten Tagen anrufen sollen.

Aufgabenstellung:

1. Welchen Zweck verfolgt der Gesetzgeber mit dem Gesetz gegen den unlauteren Wettbewerb (UWG)?
2. Nennen Sie Beispiele für unlautere und damit unzulässige Werbung.
3. Dürfen die Mitarbeiter des Autohaus Weinhuber die potenziellen Kunden von der gekauften Adressliste anrufen?
4. Wie kann gegen unerlaubte Wettbewerbsmaßnahmen vorgegangen werden?
5. Der Vertriebsleiter möchte auf den Flyern folgenden Slogan verwenden: „Boxenstopp, der schnellste Reifenwechsel in der Stadt. Wir wechseln Ihre Reifen schneller als das Autohaus Schulze nebenan!". Darf dieser Slogan verwendet werden?
6. Nennen Sie wesentliche Inhalte der Verordnung zur Regelung von Preisangaben (PAngV) im Hinblick auf die Neufahrzeuge in der Ausstellung.

Notizen

Wolfgang Eberl

Automobilkaufmann
Automobilkauffrau

Prüfungstrainer Abschlussprüfung
Fallbezogenes Fachgespräch

Lösungsteil

Bestell-Nr. 2333

u-form Verlag · Hermann Ullrich GmbH & Co. KG

Notizen

1 Kundendienst/Werkstattgeschäft

Notizen

Kundendienst/Werkstattgeschäft

Lösungshinweise zu 1.01

1. Für das Kfz-Gewerbe hat der Zentralverband des Kraftfahrzeug-Gewerbes zusammen mit dem ADAC die Kfz-Reparaturbedingungen aufgestellt. Diese wurden auf typische, regelmäßig wiederkehrende Probleme im Umfeld der Instandhaltung von Fahrzeugen abgestimmt.

   Diese Kfz-Reparaturbedingungen sind nicht allgemeinverbindliches Recht, sondern müssen durch Unterschrift des Kunden zum Bestandteil des Reparaturauftrages gemacht werden. Fehlt diese Unterschrift, gelten die ungünstigeren Regelungen des Werkvertrages nach BGB.

2. - Abdruck z. B. auf der Rückseite des Auftrages
   - Aushang gut sichtbar in den Geschäftsräumen des Kundendienstes
   - Separate Aushändigung eines Textblattes
   - Aushang am beleuchteten Einwurf Schalter für Auftragstaschen beim 24-Stunden-Annahme-Service

3. Vorteile durch die Anwendung der Kfz-Reparaturbedingungen:
   - Haftungsbegrenzung: die volle Haftung des Autohauses gilt nur bei Vorsatz und grober Fahrlässigkeit
   - Erteilung von Unteraufträgen und Probefahrten ohne vorherige Zustimmung des Kunden möglich
   - Berechnung der Kosten für die Erstellung eines Kostenvoranschlages möglich
   - Eigentumsvorbehalt für eingebaute, nicht bezahlte Ersatzteile
   - Gerichtsstand am Geschäftssitz des Autohauses
   - Erweitertes Pfandrecht

4. - Auftragserteilung
   - Preisangaben, Kostenvoranschlag
   - Fertigstellung
   - Abnahme
   - Berechnung
   - Zahlung
   - Erweitertes Pfandrecht
   - Sachmangel
   - Haftung
   - Eigentumsvorbehalt
   - Schiedsstelle
   - Gerichtsstand

5. Wenn sich die Fertigstellung gegenüber einem verbindlich zugesagten Termin schuldhaft um mehr als 24 Stunden verzögert, hat der Kunde Anspruch auf einen gleichwertigen Ersatzwagen oder eine Kostenerstattung in Höhe von 80 %. In der Praxis wird hier i.d.R. ein entsprechendes Ersatzfahrzeug kostenlos zur Verfügung gestellt.

Kundendienst/Werkstattgeschäft

Lösungshinweise zu 1.02

1. Der telefonisch vereinbarte Auftrag ist auch mündlich möglich, die „Bedingungen für die Ausführung von Arbeiten an Kraftfahrzeugen, Anhängern, Aggregaten und deren Teile und für Kostenvoranschläge" gelten jedoch nicht. Grundlage des mündlichen Werkvertrages ist das BGB. Außerdem fehlt die Beweiskraft bei Rechtsstreitigkeiten.

   Die Zustimmung der Frau Müller sollte deshalb nachträglich durch Unterschrift auf dem Auftrag bei Abholung erfolgen.

2. Da der Schaden bei der telefonischen Auftragserteilung gestern nicht bekannt war, muss diese Auftragserweiterung von der Kundin genehmigt werden. Es sollte versucht werden, die Kundin telefonisch über die Auftragserweiterung zu informieren und die Zustimmung dazu einzuholen. Diese telefonische Auftragserweiterung muss auf dem Auftrag mit Datum, Uhrzeit und Kurzzeichen vermerkt werden.

   Natürlich muss mit der Kundin in diesem Zusammenhang auch der neue Fertigstellungstermin besprochen werden sowie u. U. ihre Mobilität (Ersatzfahrzeug, Hol- und Bring-Service).

3. Da es sich beim Fahrwerk um eine sicherheitsrelevante Baugruppe handelt, darf das Fahrzeug Frau Müller ohne Reparatur nicht übergeben werden. Eine Reparatur ohne Zustimmung der Kundin ist jedoch ebenso schwierig, da durchgeführte Arbeiten, die nicht in Auftrag gegeben worden sind, u. U. nicht bezahlt werden müssen.

   Deshalb sollten Sie in einem Gespräch die Kundin davon überzeugen, dass die sicherheitsrelevante Reparatur durchgeführt werden muss und die Kundin die Zustimmung dazu erteilt.

4. - Auftragskontrolle; sind alle Arbeiten ausgeführt und alle Ersatzteile erfasst?
   - Erstellung der Rechnung anhand der Arbeitszeiten und der Teilelisten.
   - Hinweise auf demnächst notwendige Arbeiten auf der Rechnung vermerken.
   - Dazu gehörende Belege (Checklisten, Serviceheft, usw.) beilegen.
   - Die durchgeführten Arbeiten und die Bestandteile der Rechnung dem Kunden erläutern.
   - Rechnungsbetrag kassieren (vereinbarte Zahlungsart berücksichtigen).
   - Übergabe der Fahrzeugpapiere und der Schlüssel.

Kundendienst/Werkstattgeschäft

Lösungshinweise zu 1.03

1. Bei bekannten Kunden können die Kundendaten aus der EDV übernommen werden, bei Neukunden werden die Daten aus der Zulassungsbescheinigung bzw. dem Fahrzeugschein erfasst. Anschließend muss der Kilometerstand ermittelt und festgehalten werden.

   Dann müssen folgende Schritte durchgeführt werden:
   - Fahrzeugprobleme bzw. Kundenwünsche notieren
   - Reparaturart festlegen
   - Preiskalkulation
   - Fertigstellungstermin vereinbaren
   - Schlüssel und benötigte Unterlagen (z. B. Serviceheft) entgegennehmen
   - Auftrag ausdrucken und vom Kunden unterschreiben lassen

2. Individuelle Antwort des Prüflings.

   Grundsätzlich muss die Rechnung so formuliert sein, dass der Kunde die berechneten Arbeiten nachvollziehen kann. Eine zusätzliche Erläuterung der einzelnen Positionen, z. B. durch den Werkstattmeister, wirkt vertrauensbildend und schafft Kundenbindung. Zusätzlich wird die Akzeptanz hoher Rechnungen durch die detaillierte Rechnungserläuterung erhöht.

3.
   - Geringere Wartezeit für den Kunden.
   - Ein verbindlicher Abholtermin kann in den meisten Fällen vereinbart werden.
   - Fehlende Ersatzteile für den Auftrag können rechtzeitig beschafft werden.
   - Gleichmäßigere Werkstattauslastung, dadurch weniger Überbelegung bzw. Leerlauf.
   - Annahmespitzen zu Arbeitsbeginn werden vermieden.

4.
   - Die Schadenfeststellung erfolgt meist gemeinsam mit dem Kunden am Fahrzeug, sodass Probleme anschaulich besprochen werden können.
   - Weitere, vorher nicht bekannte Mängel können festgestellt und mit dem Kunden geklärt werden.
   - Zusatzgeschäfte für die Werkstatt oder den Verkauf sind möglich.
   - Die Höhe der Rechnung ist für den Kunden plausibler, da die zu erwartenden Kosten vorab besprochen werden können.
   - Keine zeitaufwendigen Rückrufe zur Auftragserweiterung notwendig.
   - Unklare Reparaturaufträge werden vermieden.
   - Die Werkstattleitung hat das Ohr am Kunden und kann so wichtige Informationen, Meinungen und Beschwerden an die Unternehmensleitung bzw. den Hersteller weiterleiten.

5. In diesem Fall geht es bei der Nachfassaktion darum, den Kunden nach seiner Meinung über die durchgeführte Reparatur zu befragen. Es ist eine Marketingmaßnahme zur Kundenbindung, auch „follow up" genannt. Sie wird einige Tage nach Fertigstellung des Reparaturauftrags, meistens telefonisch durchgeführt und soll die Kundenbeziehung vertiefen.

Kundendienst/Werkstattgeschäft

Lösungshinweise zu 1.04

1. **Gewährleistungsaufträge:**
   Eine Reparatur am Kundenfahrzeug aufgrund der Sachmängelhaftung.

   Interne Aufträge:
   Um einen Gebrauchtwagen besser anbieten zu können, wird von der Werkstatt ein Satz Niederquerschnittsreifen auf Leichtmetallfelgen montiert.

   Unteraufträge an Fremdbetriebe:
   Für eine Unfallreparatur wird das Fahrzeug zu einem lokalen Lackierer gebracht.

2. Bei Neukunden muss zunächst ein neuer Kundenstamm angelegt werden. Dazu müssen die Daten aus der Zulassungsbescheinigung Teil 2 bzw. dem Kfz-Schein sowie weitere persönliche Angaben in das EDV-System eingegeben werden.

3. - Allgemeine Auftragsdaten (Eindeutige Angaben zum Auftrag, Fahrzeug und Kunden)
   - Auflistung der Arbeitspositionen, evtl. mit Erläuterungen
   - Durchgeführte Arbeiten mit dem benötigten Zeitaufwand
   - Verwendetes Material und Ersatzteile
   - Angaben über eventuelle Fremdleistungen

4. Der Kundenauftrag wird in die Werkstatt gebracht, die entsprechenden Mitarbeiter beauftragt und die benötigten Ersatzteile bereitgestellt. Nachdem die Arbeiten fertiggestellt sind, müssen sie auf dem Auftrag dokumentiert und die verbauten Ersatzteile aufgelistet werden. Nach der Endkontrolle und Probefahrt durch den Werkstattmeister wird die Rechnung erstellt, dem Kunden bei Abholung erläutert und das Fahrzeug übergeben.

5. Zur produktiven Arbeitszeit werden alle Zeiten gerechnet, in denen ein Monteur am Kundenfahrzeug arbeitet und diese Zeiten dem Kunden in Rechnung gestellt werden können.

   Zu den unproduktiven Arbeitszeiten zählen z. B. die Zeiten für die Beschaffung von Ersatzteilen, Wartezeiten, Störungen im Betriebsablauf, Maschinenstandzeiten und Maschinenpflege, Arbeitsvorbereitung und Aufräumarbeiten.

6. Auftragserweiterungen dürfen nur mit Zustimmung des Kunden vorgenommen werden. Bei der Erstellung der Aufträge kann gemeinsam mit dem Kunden eine Obergrenze für Zusatzarbeiten festgelegt werden, die dann ohne Rücksprache durchgeführt werden können.

Kundendienst/Werkstattgeschäft

Lösungshinweise zu 1.05

1. Die Preisauszeichnung in einer Kfz-Werkstatt ist in der Preisangabenverordnung geregelt.

   Es bestehen drei Möglichkeiten:
   - Auszeichnung wichtiger Leistungen mit Endpreisen
   - Auszeichnung der Preise für Arbeitswerte
   - Auszeichnung des Stundenverrechnungssatzes

2. Für die meisten Reparaturen an den Fahrzeugen haben die Fahrzeughersteller verbindliche Zeitvorgaben ermittelt, die das Autohaus an den Kunden berechnen darf, unabhängig davon, wie lange die Arbeiten tatsächlich gedauert haben. Diese Arbeitswerte werden von Automobilherstellern festgelegt.

3. Die Werkstatt darf nur die Zeit in Rechnung stellen, die der Hersteller dafür vorgegeben hat. Die Zeit, die der Mechaniker länger benötigt hat, fällt als unproduktive Arbeitszeit zu Lasten der Werkstatt. Nur in Ausnahmefällen, z.B. bei unvorhersehbaren Arbeiten oder besonderen Schwierigkeiten bei der Reparatur, kann die Werkstatt die Mehr-Arbeitszeit dem Kunden berechnen.

4. In den Kfz-Werkstätten wird bei der Auftragskalkulation mit Stundenverrechnungssätzen, das heißt mit festen Preisen pro Arbeitsstunde, gearbeitet. Die Stundenverrechnungssätze müssen betriebsindividuell auf Basis der im jeweiligen Betrieb vorhandenen Kosten kalkuliert werden. Dies erfolgt mit Hilfe des Betriebsabrechnungsbogens und der Zuschlagskalkulation.

   Oft muss sich die Werkstatt jedoch, unabhängig von der individuellen Kostensituation, am Wettbewerb orientieren und muss somit die Preise an die Konkurrenz anpassen.

   Der Stundenverrechnungssatz berücksichtigt neben dem produktiven Bruttolohn und den sonstigen Personalkosten in der Werkstatt die Gemeinkosten (z. B. anteilige Miete, Werbungskosten, Versicherungen, Steuern, usw.) in der Werkstatt und einen angemessenen Gewinn.

5. Die Bruttolöhne der Mitarbeiter sind je nach geforderter Qualifikation unterschiedlich hoch. Außerdem fallen unterschiedlich hohe Gemeinkosten für die unterschiedlichen Arbeitsleistungen an. So sind beispielsweise die Kosten für eine Lackierkabine mit den Umweltauflagen und Investitionen höher als für eine Hebebühne.

Kundendienst/Werkstattgeschäft

Lösungshinweise zu 1.06

1. Der Kundendienstberater ist der direkte Ansprechpartner des Kunden. Er vereinbart mit ihm bei der Direktannahme die auszuführenden Leistungen. Er gibt den Auftrag anschließend an den Werkstattmeister, der die Monteure mit den einzelnen Arbeiten am Kundenfahrzeug beauftragt. Gleichzeitig erhält das Ersatzteillager einen Durchschlag des Auftrages, aus dem die benötigten Ersatzteile ersichtlich sind. Die Teile werden zusammengestellt und mit einem Materialentnahmeschein zusammengebracht.

   Nach der Fertigstellung übergibt der Monteur das Fahrzeug zur Probefahrt i.d.R. an den Kundendienstberater. Ist dabei alles in Ordnung, erhält die Rechnungsabteilung den Kundenauftrag. Hier wird die Kundenrechnung erstellt. Bei der Fahrzeugabholung erläutert i.d.R. der Kundendienstberater dem Kunden die Rechnung.

2. Pauschalaufträge führen oft zu Verärgerungen bei Kunden und damit zu Streitigkeiten. Da die Werkstatt für die Betriebs- und Verkehrssicherheit des Fahrzeuges verantwortlich ist, wird sie sich bemühen, die Arbeiten z. B. an sicherheitsrelevanten Baugruppen besonders sorgfältig auszuführen. Dadurch kann es zu höheren Kosten kommen, als sich der Kunde bei der Auftragsvergabe vorgestellt hat.

3. Die Bearbeitung von Reklamationen ist für das Autohaus eminent wichtig. Unter Reklamationsmanagement versteht man die sachgerechte Bearbeitung von Kundenreklamationen. Sie sind sehr ernst zu nehmen, da hier der Grundsatz gilt, dass verärgerte und enttäuschte Kunden oft verlorene Kunden sind und als Multiplikatoren die Verärgerung und Enttäuschung oft auch auf Freunde und Bekannte weitergeben. Ein kundengerechtes Reklamationsmanagement fördert die Kundenzufriedenheit, erhöht die Kundenbindung und führt zu einem positiven Image des Betriebes.

4. Individuelle Antwort des Prüflings.

   Grundsätzlich muss die Rechnung so formuliert sein, dass der Kunde die berechneten Arbeiten nachvollziehen kann. Eine zusätzliche Erläuterung der einzelnen Positionen, z. B. durch den Werkstattmeister, wirkt vertrauensbildend und schafft Kundenbindung. Dazu wird die Akzeptanz hoher Rechnungen durch die detaillierte Rechnungserläuterung erhöht.

5. Wenn Herr Vogt den Reparaturauftrag unterschrieben hat, wurden die AGB Bestandteil des Auftrages und damit gilt das erweiterte Pfandrecht. Damit hat das Autohaus das Recht, das Fahrzeug solange einzubehalten, bis die Forderungen aus dem Auftrag vollständig bezahlt wurden. Wurde der Reparaturauftrag nicht unterschrieben, gilt dieses erweiterte Pfandrecht nicht.

Kundendienst/Werkstattgeschäft

Lösungshinweise zu 1.07

1. Bei Unfallschäden wird im Hinblick auf die Instandsetzung zwischen wirtschaftlichem und technischem Totalschaden unterschieden.

   Man spricht von einem wirtschaftlichen Totalschaden, wenn die Reparaturkosten den Wiederbeschaffungswert erheblich übersteigen und eine Reparatur demzufolge unwirtschaftlich ist.

   Ein technischer Totalschaden liegt vor, wenn das Fahrzeug so stark beschädigt ist, dass es durch die Reparatur nicht mehr in einen verkehrs- und betriebssicheren Zustand gebracht werden kann.

2. Bei geringfügigen Unfallschäden verzichten die Versicherungen häufig auf ein Sachverständigengutachten. Hier reicht dann ein schriftlicher Kostenvoranschlag der Werkstatt.

3. Bei Haftpflichtschäden kann der Geschädigte selbst einen Gutachter beauftragen oder er akzeptiert den Gutachter der gegnerischen Versicherung. Bei einem Schaden, den ein Versicherter seiner eigenen Kaskoversicherung meldet, muss er den Gutachter der Versicherung akzeptieren.

4. - Fahrzeugdaten (Modell, Typ, Ausführung, Baujahr, Fahrleistung, …)
   - Fahrzeugzustand (Kratzer, Beulen, Abnutzung, Anbauten, reparierte Vorschäden, …)
   - Wiederbeschaffungswert (Fahrzeugwert vor dem Unfall)
   - Restwert (Fahrzeugwert nach dem Unfall)
   - Reparaturkosten (Ersatzteile, Arbeitszeit, …)
   - Reparaturdauer

5. Die Kosten des Gutachtens gehören zum Schaden und sind vom Schädiger bzw. seiner Versicherung zu bezahlen.

6. Die Preise für die im Kostenvoranschlag aufgeführten Arbeitspositionen und Ersatzteile sind verbindlich, die Werkstatt ist drei Wochen an den Kostenvoranschlag gebunden.

Kundendienst/Werkstattgeschäft

Lösungshinweise zu 1.08

1. Die gesetzlich vorgeschriebene Kfz-Haftpflichtversicherung des Unfallgegners.

2. Beispiele:
   - Ersatz für Reparaturkosten
   - Ersatz der Wertminderung am eigenen Fahrzeug
   - Kosten für eine Ersatzbeschaffung bei Totalschäden, einschließlich Nebenkosten
   - Mietwagen / Nutzungsausfallentschädigung
   - Gutachterkosten
   - Auslagen, Porto, Telefon, Abschleppkosten
   - Kosten für Rechtsanwalt

3. Ein geschädigter Autofahrer ist verpflichtet, den Schaden so gering wie möglich zu halten.

   Folgende Verhaltensweisen können dazu beitragen:
   - Verzicht auf ein Gutachten bei geringen Schäden
   - Wahl eines „Unfallersatztarifs" beim Mietwagen
   - Ersatzfahrzeug nur in begründeten Fällen, bei kurzen Wegen ist ein Taxi oder Bus in Verbindung mit Nutzungsausfallentschädigung kostengünstiger.
   - Keine weitere Nutzung des Fahrzeuges, wenn dadurch der Schaden vergrößert wird.
   - Beschränkung der Ausfallzeit durch unverzügliche Auftragserteilung in einer zuverlässigen Werkstatt.

4. Die Reparaturkosten-Übernahmebestätigung erfüllt zwei Funktionen:
   ⇨ Die Versicherung erklärt darin, ob und in welchem Umfang sie Schadenersatz leistet. Dadurch ist sichergestellt, dass die Werkstatt die Reparaturrechnung bezahlt bekommt.
   ⇨ Der Geschädigte beauftragt die Versicherung, direkt an die Werkstatt zu zahlen (Abtretungserklärung). Er muss also nicht in Vorleistung gehen und anschließend auf den Ausgleich der Versicherung warten.

5. Der Kunde kommt mit seinem Fahrzeug ins Autohaus und unterschreibt sowohl den Reparaturauftrag als auch die Reparaturkosten-Übernahmebestätigung.

   Die RKÜB wird an die Versicherung übermittelt, diese bestätigt die Übernahme der Kosten. Nach der Reparatur wird die Rechnung direkt an die Versicherung gestellt, die Reparaturkosten werden von der Versicherung direkt ans Autohaus bezahlt.

6. Bei einem Kaskoschaden muss geklärt werden, ob im Versicherungsvertrag eine Selbstbeteiligung vereinbart wurde. Die Versicherung bezahlt dann nur den Rechnungsbetrag, abzüglich der Selbstbeteiligung. Diese muss Frau Becker gesondert in Rechnung gestellt werden.

   Ist Frau Becker Kauffrau, muss darüber hinaus geklärt werden, ob sie vorsteuerabzugsberechtigt ist. Ist dies der Fall, wird die Versicherung nur den Nettobetrag der Rechnung an das Autohaus überweisen, die entsprechende Umsatzsteuer muss dann Frau Becker gesondert in Rechnung gestellt werden.

Kundendienst/Werkstattgeschäft

Lösungshinweise zu 1.09

1. Zunächst sollte Herr Bichler beruhigt werden und ihm aufgezeigt werden, dass ihm geholfen wird und seine Probleme im Autohaus ernst genommen werden. Durch eine ruhige und aufmerksame Gesprächsführung kann die Wichtigkeit des Reklamationsmanagements hervorgehoben werden.

2. Die Reparaturkostenübernahmebescheinigung erfüllt zwei wesentliche Aufgaben:
   ⇨ Die Versicherung erklärt darin, ob und in welchem Umfang sie Schadenersatz leistet. Dadurch ist sichergestellt, dass die Werkstatt die Reparaturrechnung bezahlt bekommt.
   ⇨ Herr Bichler beauftragt die Versicherung, direkt an die Werkstatt zu zahlen (Abtretungserklärung). Er muss also nicht in Vorleistung gehen und anschließend auf den Ausgleich der Versicherung warten.

3. Ablauf individuell, z. B.

   Auftragseröffnung
   ⇩ Fahrzeug in Werkstatt schleppen (lassen)
   ⇩ Klärung der Mobilität des Herrn Bichler (Werkstattersatzfahrzeug)
   ⇩ Ungefähre Schadenshöhe ermitteln (wirtschaftlicher/technischer Totalschaden)
   ⇩ Evtl. Gutachter benachrichtigen
   ⇩ Klärung mit Herrn Bichler, ob wir die Schadensabwicklung übernehmen sollen
   ⇩ RKÜB ausfüllen, Herrn Bichler unterschreiben lassen
   ⇩ Freigabe der Versicherung abwarten
   ⇩ Reparatur durchführen
   ⇩ Fahrzeugbereitstellung/Abholung durch Herrn Bichler
   ⇩ Rückgabe Werkstattersatzfahrzeug
   ⇩ Rechnungserstellung/Abrechnung mit der Versicherung
   ⇩ Rechnungsstellung wg. Selbstbeteiligung bzw. Umsatzsteuer beachten

4. • Herr Bichler muss sich um nichts kümmern, die Werkstatt reguliert die komplette Abwicklung des Unfallschadens mit der Versicherung.
   • Herr Bichler muss den Rechnungsbetrag nicht vorab an uns bezahlen, bevor er von der Versicherung den Schaden ersetzt bekommt.
   • Herr Bichler hat einen festen und kompetenten Ansprechpartner in allen Fragen zu seinem Schaden.
   • Herr Bichler kann sich sicher sein, dass alle Umstände bei der Schadensabwicklung berücksichtigt wurden.

5. • Die Versicherung garantiert die Bezahlung der Rechnung bis zum bestätigten Betrag.
   • Die komplette Abwicklung des Schadens liegt in der Hand des Autohauses und kann so gezielt gesteuert werden.
   • Dieser Service führt zur Kundenbindung/Imagesteigerung.
   • Es sind Zusatzgeschäfte in der Werkstatt bzw. im Teile- und Zubehörbereich möglich.

Kundendienst/Werkstattgeschäft

Lösungshinweise zu 1.10

1. Wenn der Kunde einer fälligen Zahlungsverpflichtung nicht rechtzeitig, nicht vollständig oder überhaupt nicht nachkommt, kommt er in Zahlungsverzug (Nicht-Rechtzeitig-Zahlung)

2. Durch die Formulierung „zahlbar 10 Tage nach Rechnungsdatum" ist der Fälligkeitszeitpunkt kalendermäßig genau festgelegt ⇨ Herr Forster ist seit 27. März in Zahlungsverzug.

3. Nachdem Herr Forster ein langjähriger Kunde ist, sollte man nicht sofort mit gerichtlichen Schritten drohen oder sogar einleiten. Vielleicht hat er die rechtzeitige Zahlung nur vergessen. Das kaufmännische Mahnverfahren sollte hier abgestuft von einem freundlichen Erinnerungsschreiben bis hin zur Androhung der Einleitung eines gerichtlichen Mahnverfahrens erfolgen.

4. Wenn Herr Forster auf das kaufmännische Mahnverfahren nicht reagiert, muss beim zuständigen Amtsgericht ein Antrag auf Erlass eines Mahnbescheides beantragt werden.

5. - Klage auf Zahlung
   - Schadenersatz (Verzugszinsen) wegen verspäteter Zahlung
   - Kostenersatz: Porto, Mahnschreiben, Auslagen für Rechtsberatung, Gerichtsgebühren

6. Nach § 288 BGB beträgt der Verzugszinssatz bei einer Geldschuld 5 % über dem Basiszinssatz der EZB bzw. Deutschen Bundesbank, bei zweiseitigen Handelskäufen beträgt dieser 9 % über dem Basiszinssatz. Dieser Basiszinssatz wird regelmäßig (01.01. und 01.07. eines Jahres) überprüft, evtl. angepasst und im Bundesanzeiger veröffentlicht.

   Verbrauchsgüterkauf:
   5 % p.a. plus Basiszinssatz der EZB (Stand seit 01.07.2016: - 0,88 % p.a.)
   ⇨ Verzugszinsen: 4,12 %

   Zweiseitiger Handelskauf:
   9 % p.a. plus Basiszinssatz der EZB (Stand seit 01.07.2016: - 0,88 % p.a.)
   ⇨ Verzugszinsen: 8,12 %

Kundendienst/Werkstattgeschäft

Lösungshinweise zu 1.11

1. Durch den Mahnbescheid wird der Schuldner von Amts wegen zur Zahlung aufgefordert. Der Zweck des Mahnbescheides ist, den Klageweg (= Prozess) zu vermeiden. Er stellt praktisch die letzte Möglichkeit dar, einen Gerichtsprozess mit allen Kosten und Folgen zu vermeiden. Durch einen Mahnbescheid wird außerdem die Verjährung der Forderung gehemmt.

2. Der Antrag auf Erlass eines Mahnbescheides ist bei dem Amtsgericht zu stellen, bei dem der Gläubiger seinen Wohn- oder Geschäftssitz hat.

3. - Die Kontrast GmbH zahlt.
   - Die Kontrast GmbH erhebt schriftlich Widerspruch innerhalb von zwei Wochen nach Zustellung des Mahnbescheids.
   - Die Kontrast GmbH unternimmt nichts.

4. Nach Ablauf der Widerspruchsfrist müssen Sie beim Amtsgericht einen Antrag auf Erlass eines Vollstreckungsbescheides stellen.

5. - Die Kontrast GmbH zahlt.
   - Die Kontrast GmbH erhebt schriftlich Einspruch innerhalb von zwei Wochen nach Zustellung des Vollstreckungsbescheides.
   - Die Kontrast GmbH unternimmt nichts.

6. Die Zwangsvollstreckung ist ein Verfahren zur zwangsweisen Eintreibung einer Geldforderung mithilfe eines Gerichtsvollziehers oder des Gerichts.

   Mit der Eidesstattlichen Versicherung (Versicherung an Eides statt) versichert der Schuldner unter Eid die Vollständigkeit eines von ihm aufgestellten Vermögensverzeichnisses.

Kundendienst/Werkstattgeschäft

Lösungshinweise zu 1.12

1. Es handelt sich hierbei um einen **Sachmangel**, vermutlich um eine Materialschwäche. Nachdem dieser Mangel bei der Übergabe nicht ersichtlich war, spricht man hier von einem **versteckten (verborgenen) Mangel**.

   Offene Mängel sind bereits bei der Übergabe ersichtlich, arglistig verschwiegene Mängel sind dem Verkäufer bekannt, werden aber dem Käufer nicht mitgeteilt.

2. Unter **Gewährleistung (Sachmängelhaftung)** versteht man die Ansprüche, die der Kunde gegen den Verkäufer hat, wenn die eingebaute Anhängerkupplung einen Mangel aufweist. Die Gewährleistung ist gesetzlich vorgeschrieben, die Frist beträgt zwei Jahre.

   Im konkreten Fall (ein berechtigter Anspruch wird vorausgesetzt) hat der Käufer das Recht auf Nacherfüllung.

   Ab 01.01.2022 gilt: Zeigt sich innerhalb von 12 Monaten nach Übergabe ein Sachmangel, so wird davon ausgegangen, dass der Mangel bereits bei der Übergabe vorlag. Nicht der Käufer muss beweisen, dass ein Mangel bei Übergabe bestand, sondern der Verkäufer muss beweisen, dass die Ware bei Übergabe keinen Mangel aufwies.

   In den restlichen 12 Monaten muss der Käufer beweisen, dass der Mangel schon beim Kauf vorhanden war. Diese sog. Beweislastumkehr wurde für Käufe ab dem 01.01.2022 von 6 auf 12 Monate zugunsten des Käufers verlängert.

   Garantie ist eine freiwillige Leistung des Herstellers. Was die Garantie abdeckt und wie lange sie gilt, können die Hersteller selbst entscheiden. Im vorliegenden Fall wäre z. B. denkbar, dass der Hersteller auch für Mängel an der Anhängerkupplung eintritt, wenn diese vom Käufer selbst verschuldet wurden.

   Kulanz ist eine freiwillige Leistung des Herstellers oder des Autohändlers, wenn die Sachmängelhaftung bzw. die Garantie bereits abgelaufen ist und man dem Kunden entgegenkommen möchte. Es besteht hierauf kein rechtlicher Anspruch.

   Bis zu drei Jahre nach dem Kauf hätte der Kunde noch Anspruch auf Nacherfüllung, wenn der Mangel vom Verkäufer arglistig verschwiegen worden wäre.

3. Rügefristen beim Verbrauchsgüterkauf: zwei Jahre nach dem Verkauf, sowohl für offene als auch für versteckte Mängel; drei Jahre für arglistig verschwiegene Mängel.

   Rügefristen beim zweiseitigen Handelskauf: unverzüglich bei offenen Mängeln, unverzüglich nach Entdeckung eines versteckten Mangels innerhalb von 24 Monaten; drei Jahre für arglistig verschwiegene Mängel.

4. Bei einer mangelhaften Lieferung kann der Kunde zunächst Nacherfüllung verlangen:
   ⇨ Nachbesserung (Beseitigung des Mangels)
   ⇨ Neulieferung (Lieferung einer mangelfreien Sache)

   Daneben hat der Kunde zusätzlich noch einen Anspruch auf Schadenersatz neben der Leistung.

   Wenn der Lieferer die Nacherfüllung verweigert oder die Nacherfüllung fehlgeschlagen ist, hat der Kunde das Recht zum Rücktritt oder Minderung des Kaufpreises. Im Falle des Rücktritts kann der Kunde Schadenersatz statt der Leistung verlangen, im Falle einer Minderung Schadenersatz neben der Leistung.

5. Unter Reklamationsmanagement versteht man die sachgerechte Bearbeitung von Kundenreklamationen. Diese sind sehr ernst zu nehmen, da verärgerte und enttäuschte Kunden oft verlorene Kunden sind und diese Enttäuschung oft als Multiplikator auf Freunde und Bekannte übertragen wird.

   Ein kundengerechtes Reklamationsmanagement fördert die Kundenzufriedenheit, erhöht die Kundenbindung und führt zu einem positiven Image des Betriebes.

Lösungshinweise zu 1.13

1. **Rechtsfähig** sind alle Menschen (natürliche Personen). Das bedeutet, dass sie Träger von Rechten und Pflichten sein können. Die Rechtsfähigkeit beginnt mit der Geburt und endet mit dem Tod.

   Geschäftsfähigkeit ist die Fähigkeit, Willenserklärungen rechtswirksam abgeben und entgegennehmen zu können. Die Geschäftsfähigkeit wird in drei Stufen eingeteilt:

   - Unbeschränkt Geschäftsfähige: Personen, die das achtzehnte Lebensjahr vollendet haben. Ausnahme: geistig behinderte Menschen
   - Beschränkt Geschäftsfähige: Minderjährige, die zwar das siebte Lebensjahr, jedoch noch nicht das achtzehnte Lebensjahr vollendet haben. Rechtsgültige Rechtsgeschäfte können i.d.R. nur mit der Zustimmung (Einwilligung/Genehmigung) des gesetzlichen Vertreters abgeschlossen werden.
   - Geschäftsunfähige: Kinder bis zur Vollendung des siebten Lebensjahres

2. Abgeschlossene Rechtsgeschäfte sind nicht immer gültig. Sie können nichtig sein, d. h., sie sind von vornherein ungültig, oder sie sind anfechtbar, d. h. sie sind solange gültig, bis sie angefochten werden.

3. Eine Anfechtung muss unverzüglich nach Entdeckung des Grundes erfolgen, jedoch innerhalb von 10 Jahren nach Abgabe der Willenserklärung.

   Bei arglistiger Täuschung muss innerhalb eines Jahres nach Entdeckung der Täuschung die Anfechtung erfolgen, bei widerrechtlicher Drohung innerhalb eines Jahres nach Wegfall der Zwangslage, die zur Bedrohung geführt hat.

4. **Nichtige Rechtsgeschäfte:**
   - Geschäfte von geschäftsunfähigen Personen, bzw. von beschränkt Geschäftsfähigen, wenn die Zustimmung fehlt
   - Willenserklärungen, die im Zustand der Bewusstlosigkeit oder vorübergehender Störung der Geistestätigkeit abgegeben werden
   - Scheingeschäfte
   - Scherzgeschäfte
   - Verstöße gegen das Strafgesetz
   - Geschäfte, die gegen geltende Formvorschriften verstoßen
   - Geschäfte, die gegen die guten Sitten verstoßen

   Anfechtbare Rechtsgeschäfte:
   - Irrtum
   - Arglistige Täuschung
   - Widerrechtliche Drohung

5. Vertragsfreiheit bei Werkverträgen bedeutet, dass auch die Aufträge im Servicebereich grundsätzlich frei gestaltet werden können. Es gibt jedoch erhebliche Einschränkungen durch Gesetze, die die Vertragsfreiheit begrenzen.

   Die Vertragsfreiheit beinhaltet die Abschlussfreiheit, die Formfreiheit und die Inhaltsfreiheit.

Kundendienst/Werkstattgeschäft

Lösungshinweise zu 1.14

1. **Vertragshändler** sind selbstständige Kaufleute, die im Rahmen von Händlerverträgen im eigenen Namen und für eigene Rechnung die Produkte eines oder mehrerer bestimmter Automobilhersteller vertreiben und Serviceleistungen durchführen. Sie tragen das wirtschaftliche Risiko.

   Als **Werksniederlassungen** bezeichnet man die direkte Vertriebsorganisation, mit der die Automobilhersteller im eigenen Namen und auf eigene Rechnung den Vertrieb und den Service ihrer Fahrzeuge durchführen. Diese Niederlassungen können eine Abteilung des Herstellers oder aber Tochterunternehmen sein.

2. Hier sollen Sie nachweisen, dass Sie die Produkte und Leistungen Ihres Ausbildungsunternehmens kennen und beschreiben können. Je nach Ausbildungsbetrieb könnte hier z. B. Werkstattservice, Karosserieservice, Lackierservice, Expressdienst, Hol- und Bring-Service, HU im Haus, Unfallsoforthilfe, Reifeneinlagerung, Versicherungsservice usw. genannt werden.

3. Autovermieter, Finanzdienstleister, Autoverwerter, Lackierer, Fuhrparkmanager, Autoversicherer, Gutachter, Automobilclubs, Teilehändler, Tankstellen, TÜV, Dekra, usw.

4. Vorteile für den Kunden, der die Reparatur durch eine Vertragswerkstatt durchführen lässt:
   - Speziell für das eigene Fahrzeug geschulte Mitarbeiter führen die Arbeiten durch
   - Es werden die aktuellen Serviceanleitungen verwendet
   - Spezialwerkzeug für das eigene Modell ist vorhanden
   - Test- und Diagnosegeräte und die entsprechende Software sind auf dem neuesten Stand
   - Technische Änderungen des Herstellers werden im Rahmen eines Werkstattaufenthaltes durchgeführt
   - Es werden nur vom Hersteller freigegebene Originalersatzteile und Schmierstoffe verwendet
   - Bei Reklamationen der Werkstattleistungen kann der Kunde ohne Kosten die Schiedsstellen der Kfz-Innungen anrufen

Kundendienst/Werkstattgeschäft

Lösungshinweise zu 1.15

1. Als Stundenverrechnungssatz bezeichnet man den Preis für eine Arbeitsstunde in der Werkstatt. Dieser Preis wird dem Kunden für die Arbeit an seinem Fahrzeug in Rechnung gestellt.

2. Beim Arbeitswert-System wird eine Zeitstunde in gleiche Teile (Arbeitswerte) zerlegt. So kann bei einem Hersteller eine Stunde z. B. in 10 AW eingeteilt werden, so dass jeder AW 6 Minuten dauert, bei einem anderen Hersteller z. B. in 12 AW, so dass jeder AW 5 Minuten dauert.

3. Für viele Arbeitsvorgänge in der Werkstatt ist die dem Kunden in Rechnung zu stellende Anzahl der AW vom Hersteller vorgegeben. Dadurch ist gewährleistet, dass für gleiche Arbeiten in unterschiedlichen Autohäusern die gleiche Arbeitszeit berechnet wird.

   Benötigt der Mechaniker mehr Zeit als die Herstellervorgabe, ist dies zum Nachteil der Werkstatt, da zusätzliche AW nur in Ausnahmefällen an den Kunden weitergegeben werden können. Erledigt der Mechaniker die Arbeiten in kürzerer Zeit, werden dem Kunden dennoch die vorgegebenen AW berechnet.

4. Nein, da nur die Zeitvorgabe des Herstellers (AW), multipliziert mit dem Stundenverrechnungssatz, dem Kunden in Rechnung gestellt wird, unabhängig davon, wer die Reparatur durchgeführt hat.

5. Vorteile für den Kunden, der die Reparatur durch eine Vertragswerkstatt durchführen lässt:
   - Speziell für das eigene Fahrzeug geschulte Mitarbeiter führen die Arbeiten durch
   - Es werden die aktuellen Serviceanleitungen verwendet
   - Test- und Diagnosegeräte und die entsprechende Software sind auf dem neuesten Stand
   - Spezialwerkzeug für das eigene Modell ist vorhanden
   - Technische Änderungen des Herstellers werden im Rahmen eines Werkstattaufenthaltes durchgeführt
   - Es werden nur vom Hersteller freigegebene Originalersatzteile und Schmierstoffe verwendet
   - Bei Reklamationen der Werkstattleistungen kann der Kunde ohne Kosten die Schiedsstellen der Kfz-Innungen anrufen

Kundendienst/Werkstattgeschäft

Lösungshinweise zu 1.16

1. Wesentliche rechtliche Grundlagen im Bereich Umweltschutz sind unter anderem:
   - Altfahrzeugverordnung (AltfahrzeugV)
   - Batteriegesetz (BattG)
   - Wasserhaushaltsgesetz (WHG)
   - Kreislaufwirtschaftsgesetz (KrWG)
   - Bundes-Immissionsschutzgesetz (BImSchG)
   - Verpackungsgesetz (VerpackG) (früher: Verpackungsverordnung, VerpackV)
   - Chemikaliengesetz (ChemG)

2. In der Regel werden in Autohäusern Wertstoffe von Abfallstoffen unterschieden. Zu den Wertstoffen zählen Materialien, die zur wiederholten Verwendung genutzt werden können. Materialien wie Glas, Alu/Blech, Papier, Kartonagen, Kunststoffe und Elektronikbauteile sind solche Stoffe, die durch verschiedene Verfahren recyclebar sind. Zu den regulären Abfällen zählen organische Abfälle und sonstiger Restmüll. Altöl, Fette, Lacke, Farben, Bremsflüssigkeit und Ähnliche sind auch Abfälle, gelten jedoch als Gefahrenstoffe und müssen gesondert entsorgt werden.

3. Airbag/Gurtstraffer (explosiv), Altöl, Batteriesäure, Bremsflüssigkeit, Dichtmittel, Kraftstoffe, Klebstoffe, Kaltreiniger, Kühlerfrostschutz, Lacke, Scheibenreiniger, Spraydosen, …

4.
   - Bereitstellung entsprechender Behältnisse
   - Aufklärung der Mitarbeiter und Kunden
   - Motivation und Schulung der Mitarbeiter
   - Verhandlung mit Lieferanten
   - Mehrwegsysteme nutzen
   - Wertstoffe sparen

5.
   - Einsparung von Trinkwasser
   - Brauch- und Regenwasser nutzen (z. B. Waschhalle)
   - Während der Heizperiode die Werkstatt-Tore nur zur Ein- und Ausfahrt öffnen
   - Stopp-Taste bei Toilettenspülung
   - Wasserhähne mit Sensortasten
   - Energiesparlampen verwenden
   - Bewegungsmelder in geeigneten Räumen
   - Elektrische Geräte nur bei Bedarf einschalten

Kundendienst/Werkstattgeschäft

Lösungshinweise zu 1.17

1. Als **Autobanken** bezeichnet man die Banken, die als Tochtergesellschaften der Autohersteller Bankgeschäfte, insbesondere Finanzierungen im Kfz-Bereich, anbieten und meist ohne eigenes Filialnetz aufgestellt sind.

   Als **Hausbank** bezeichnet man die Bank, mit der ein Kunde die meisten seiner privaten Bankgeschäfte abwickelt.

   Direktbanken sind Banken, die ihre Geschäfte ohne eigenes Filialnetz anbieten. Ursprünglich wurde die Kommunikation zwischen Bankkunde und Bank auf dem Postweg abgewickelt, in heutiger Zeit über das Internet.

2. Finanzierung, Leasing, Versicherungen, erwerbbare Garantien, Online-Banking, Festgeldkonten, Sparkonten, Kreditkarten, …

3. - Absatzförderung, Steigerung des Marktanteils
   - Bessere Werkstattauslastung
   - Kapazitätsauslastung der Produktion
   - Erhöhung der Kundenbindung
   - Erhöhung der Wertschöpfung rund ums Auto

4. Die Finanzierung über die Autobank ist für den Hersteller ein Mittel der Verkaufsförderung. Das Anbieten von Finanzierungsmöglichkeiten für Werkstattrechnungen dient dem Autohaus u. a. als Mittel zur Kundenbindung. Der Absatz der gesamten Modellpalette, oder auch nur einzelner Modelle, soll mit produktspezifischen Niedrigzinsen gefördert werden. Niedrigzinsprogramme der Autobanken werden oft aus strategischen Gründen (z. B. Erhöhung des Marktanteils) aufgelegt. Für das Autohaus ist das Anbieten von Finanzierung manchmal das einzige Mittel, umfangreiche Reparaturen an den Kundenfahrzeugen durchführen zu können.

5. **Verpflichtungsgeschäft**: Das Kreditinstitut verpflichtet sich zur Bereitstellung der Kreditsumme, der Kreditnehmer verpflichtet sich zur Bezahlung der vereinbarten Raten.

   Erfüllungsgeschäft: Das Geld wird vom Kreditinstitut bereitgestellt und vom Kreditnehmer in Anspruch genommen sowie die fälligen Raten bezahlt.

Kundendienst/Werkstattgeschäft

Lösungshinweise zu 1.18

1. Wesentliche Inhalte sind:
   - Art, Höhe und Laufzeit des Kredits
   - Kreditsicherheiten
   - Nominaler und effektiver Jahreszins
   - Höhe und Fälligkeit der Zins- und Tilgungszahlungen

2. Beim Annuitätendarlehen handelt es sich um einen typischen Ratenkredit. Die monatliche Rate, bestehend aus Zins und Tilgung, ist über die gesamte Laufzeit gleich hoch. Der Tilgungsanteil an den Raten steigt im Zeitablauf und der Zinsanteil geht zurück.

3. Eine Möglichkeit, die monatlichen Raten zu beeinflussen, ist eine Verlängerung der Laufzeit, eine andere ist die Zahlung einer Anzahlung, d. h., dass nur ein Teil der Werkstattrechnung finanziert werden muss.

4. Der nominale Jahreszins oder Sollzins ist das Entgelt für die Überlassung von Geld. Bei der Berechnung des effektiven Zinssatzes werden zusätzlich Bearbeitungsgebühren und sonstige Kreditkosten berücksichtigt.

5. - Absatz- und Umsatzsteigerung
   - Erhöhung der Marktanteile
   - Verbesserung der Werkstattauslastung
   - Erhöhung der Kundenbindung
   - Erfüllung vorgegebener Umsatzziele
   - Zusatzverkäufe
   - Provisionserträge

Kundendienst/Werkstattgeschäft

Lösungshinweise zu 1.19

1. Die Bewertung der Bonität (Kreditwürdigkeit) gibt Auskunft darüber, inwieweit der Kreditnehmer in der Lage und bereit ist, das Darlehen zurück zu zahlen.

2. **Bei Privatpersonen:**
   - Persönliche Angaben (Alter, Geschlecht, Familienstand, Staatsangehörigkeit)
   - Angaben zu Wohnung und Wohnort
   - Beruf, Arbeitgeber
   - Monatliches Einkommen, sonstige Einnahmen
   - Finanzielle Verpflichtungen

   Bei Gewerbetreibenden:
   - Unternehmensdaten (Branche, HR-Eintrag)
   - Betriebliche Daten (Umsatz, Gewinn/Verlust, Vermögen, Grundbucheinträge, Rating nach Basel II)

3. **Kreditfähigkeit eines Privatkunden:**
   - Personalausweis
   - Reisepass mit Meldebescheinigung

   Kreditwürdigkeit eines Privatkunden:
   - Selbstauskunft
   - Schufa-Auskunft
   - Einkommensnachweise
   - Nachweis über Vermögenssituation
   - Kontoverbindungen
   - regelmäßige Verpflichtungen
   - …

4. **Kreditfähigkeit eines gewerblichen Kunden:**
   - Personalausweis des Bevollmächtigten
   - Reisepass mit Meldebescheinigung des Bevollmächtigten

   Kreditwürdigkeit eines gewerblichen Kunden:
   - BWA
   - Bilanz
   - GuV
   - Auskunft von z.B. Schufa, Creditreform, …

Kundendienst/Werkstattgeschäft

5. Im Rahmen einer Kreditentscheidung wird zunächst geprüft, inwieweit der Antragsteller für die Aufnahme eines Kredites geeignet ist. Hierzu werden bei natürlichen Personen die Kreditfähigkeit und die Kreditwürdigkeit geprüft.

   Kreditfähig ist, wer volljährig ist und infolgedessen rechtsgültige Verträge abschließen kann. Minderjährige und Personen, die aufgrund geistiger Beeinträchtigungen unter Betreuung stehen, sind nicht kreditfähig.

   Bei der **Kreditwürdigkeit** wird zwischen der materiellen und der persönlichen Kreditwürdigkeit unterschieden. Die materielle Komponente beurteilt die finanzielle und wirtschaftliche Situation des Kunden und dient der Feststellung, ob der Kredit zurückgezahlt werden könnte.

   Die persönliche Kreditwürdigkeit prüft, inwieweit der Kunde bereit ist, seinen vertraglichen Verpflichtungen nachzukommen. Hierbei zählen also der allgemeine Eindruck und das Auftreten, wovon Gewissenhaftigkeit und Zuverlässigkeit abgeleitet werden sollen.

6. Möglichkeiten der Kreditsicherung und somit Minderung des Risikos:
   - Anzahlung
   - Restschuldversicherung
   - Sicherungsübereignung
   - Bürgschaft
   - Lohn- und Gehaltsbescheinigung, Abtretung von Lohn- und Gehalt
   - Verpfändung von Wertpapieren
   - Abtretung von Forderungen aus Lebensversicherungen, Bausparverträgen o. ä.
   - Evtl. Grundschuld

7. Die Restschuldversicherung bietet Absicherung im Falle von Arbeitsunfähigkeit durch Krankheit oder Unfall, bei Krankheit, im Todesfall und bei unverschuldeter Arbeitslosigkeit.

2 Fahrzeugtechnik

Notizen

Lösungshinweise zu 2.01

1. Wenn bei der Direktannahme festgestellt wird, dass die Vorderreifen eine geringere Profiltiefe als die Hinterreifen aufweisen, ist Herr Nowitzkis Wagen wahrscheinlich mit einem Frontantrieb ausgestattet. Aufgrund der Kraftübertragung werden die Vorderreifen beim Beschleunigen bei einem Fahrzeug mit Frontantrieb stärker belastet und nutzen sich somit schneller ab.

   Würden die Hinterräder von Herrn Nowitzkis Auto eine geringere Profiltiefe als die Vorderreifen aufweisen, wäre von einem Hinterradantrieb auszugehen. Bei diesem wiederum werden die Hinterreifen beim Beschleunigen durch die Kraftübertragung stärker beansprucht.

2. Die gesetzliche Mindestprofiltiefe in Deutschland beträgt 1,6 mm, sie ist im vorliegenden Fall an der Vorderachse bereits unterschritten. Auch die Hinterreifen sollten nicht bis zur gesetzlichen Grenze abgefahren werden. Sommerreifen sollten bereits bei einer Profiltiefe von 2,0 mm gewechselt werden, Winterreifen bei 4,0 mm.

   Die Empfehlung für Herr Nowitzki muss deshalb lauten: „Reifen mit einer geringen Profiltiefe stellen ein Sicherheitsrisiko dar, da die Fahrbahnhaftung beim Anfahren, Lenken und vor allem in Kurven und beim Bremsen nicht mehr ausreichend ist. Ich kann Ihnen ein gutes Angebot für einen neuen Satz Reifen machen."

3. Winterreifen haben eine weichere Gummimischung, die auf gute Haftung bei kalten Temperaturen ausgelegt ist. Das Profil ist gröber und mit selbstreinigenden Lamellen auf Schnee und Matsch abgestimmt. Winterreifen haben einen größeren Verschleiß und erhöhen leicht den Kraftstoffverbrauch.

4. Schmalere Reifen erzeugen einen höheren Druck pro cm^2 Aufstandsfläche, was zu besseren Fahreigenschaften bei Schnee führen kann. Im Sommer wirkt sich die breitere Aufstandsfläche von Breitreifen positiv auf die Fahreigenschaften aus.

5. Ganzjahresreifen stellen einen Kompromiss zwischen Sommer- und Winterreifen dar, der weder im Sommer noch im Winter optimal ist. Vorteil für Wenigfahrer: nur ein Satz Reifen für das ganze Jahr, zweimalige Umrüstung von Sommer auf Winter und umgekehrt ist nicht notwendig.

6. M+S bedeutet „Matsch und Schnee" und ist, in Kombination mit der Schneeflocke als Zusatzkennzeichnung, ein Synonym für Winterreifen.

Fahrzeugtechnik

Lösungshinweise zu 2.02

1. M+S bedeutet „Matsch und Schnee" und ist, in Kombination mit der Schneeflocke als Zusatzkennzeichnung, ein Synonym für Winterreifen.

2. 195 ⇨ die Breite der Lauffläche beträgt 195 mm
   65 ⇨ das Querschnittsverhältnis (Reifenhöhe zu Reifenbreite) beträgt 65 %
   R ⇨ das R steht für Radialreifen
   14 ⇨ der Felgendurchmesser beträgt 14 Zoll
   82 ⇨ Tragfähigkeitsindex
   T ⇨ Symbol für die zulässige Höchstgeschwindigkeit, hier 190 km/h

3. Die DOT-Nr. (Department of Transportation – Verkehrsministerium der USA) gibt die Produktionswoche an, hier 26. Woche 2018.

4. Ein zu niedriger Luftdruck beeinträchtigt die Fahrsicherheit, weil einerseits der Reifensitz auf der Felge schlechter ist, andererseits leiden auch die Lenk- und Fahreigenschaften. Außerdem besteht die Gefahr der Überhitzung mit einem möglichen Reifenplatzer.

   Ein zu niedriger Druck sorgt für einen schnelleren Verschleiß auf den Reifenschultern, ein zu hoher Druck bedeutet erhöhter Verschleiß in der Lauffächenmitte. Durch einen zu niedrigen Luftdruck erhöht sich der Rollwiderstand des Reifens, was zu geringerer Lebensdauer und höherem Verbrauch führt.

5. Bei Regen verbleibt Wasser auf der Fahrbahn. Bei angepasster Geschwindigkeit und ausreichender Profiltiefe wird das Wasser beim Überfahren durch die Profilkanäle zur Seite abgeleitet und der Reifen hat Kontakt zum Asphalt. Bei zu hoher Geschwindigkeit oder zu geringem Profil kann das Wasser nicht mehr abgeleitet werden, es schiebt sich ein Wasserkeil unter den Reifen, der Reifen schwimmt auf und verliert den Kontakt zur Straße. Aquaplaning!

6. Die gesetzliche Mindestprofiltiefe bei Sommer- und Winterreifen beträgt in Deutschland 1,6 mm, ein Reifenwechsel wird jedoch bei einer Restprofiltiefe von 2 mm empfohlen. In anderen Ländern gelten andere Regeln. In Österreich gilt z. B. ein Reifen mit einem Restprofil von unter 4 mm nicht mehr als Winterreifen. Dies sollte bei der Urlaubsfahrt ins Skigebiet berücksichtigt werden.

7. Reifen müssen auf jeden Fall staubfrei, dunkel und trocken gelagert werden. Reifen auf Felgen werden am besten hängend oder flachliegend aufbewahrt, stehen sollten sie nur, wenn sie ohne Felge gelagert werden müssen. In diesem Fall sollten sie alle 4 Wochen etwas gedreht werden.

Fahrzeugtechnik

Lösungshinweise zu 2.03

1. Nach § 29 StVZO sind für alle Straßenfahrzeuge vom Kraftrad bis zum Anhänger in bestimmten Abständen Hauptuntersuchungen (HU) vorgesehen:

   36 Monate: PKW, Anhänger (bis 750 kg) und Wohnmobile, wenn sie erstmalig zugelassen sind

   24 Monate: Motorräder, PKW, Anhänger und Wohnmobile für jede weitere HU

   12 Monate: z. B. Taxi, Krankenwagen, LKW, Anhänger >3,5 t

2. Folgende Unterlagen werden für eine Neuzulassung benötigt:
   - Zulassungsbescheinigung Teil II
   - Nachweis der Typgenehmigung durch EG-Übereinstimmungsbescheinigung / CoC bzw. Einzelgutachten gem. § 13 EG-FGV, Datenblatt des Herstellers
   - elektronische Versicherungsbestätigung (eVB-Nummer)
   - gültiger Personalausweis oder Reisepass bzw. HR-Auszug und Gewerbeanmeldung sowie Ausweis des Geschäftsführers bei einem Firmenfahrzeug
   - ggf. Vollmacht des Beauftragten
   - Teilnahmeerklärung zum Lastschrifteinzugsverfahren

3. Vorteile des Dieselmotors sind besonders der geringere Verbrauch und die geringeren Kraftstoffpreise. Der Dieselmotor zeichnet sich durch Robustheit und Langlebigkeit aus, was ihn insbesondere für Vielfahrer interessant macht. Durch das höhere Drehmoment ist ein Dieselfahrzeug sehr gut als Zugfahrzeug geeignet. Die Problematik, die sich durch die Software-Manipulation einzelner Hersteller ergeben hat, ist durch Neuentwicklungen bzw. begleitende Maßnahmen zur Abgasreinigung bei Neufahrzeugen weitestgehend gelöst. Geschadet haben diese Vorgänge jedoch dem Image des Dieselmotors.

4. Für eine hohe Zugleistung oder aber für Geländegängigkeit werden beim Allradantrieb alle vier Räder angetrieben. Je nach Hersteller und Konzeption wird zwischen permanentem und zuschaltbaren Allradantrieb unterschieden.

   Zu den Vorteilen beim Vorderradantrieb zählen der gute Geradeauslauf, da das Fahrzeug gezogen wird und die vergleichsweise einfache Hinterachskonstruktion. Der Vorderradantrieb ist kostengünstig und ermöglicht einen vergleichsweise großen Innenraum. Beim Hinterradantrieb sind die bessere Traktion und die Trennung von Lenkung und Antriebskräften zu nennen. Die Unterschiede zwischen Vorderradantrieb und Hinterradantrieb sind durch die moderne Fahrwerkstechnik heute jedoch kaum noch „erfahrbar".

5. Bremsflüssigkeit ist hygroskopisch, das bedeutet, dass sie Feuchtigkeit (Wasser) aufnehmen kann. Beim Bremsen entstehen hohe Temperaturen im gesamten Bremssystem. Wasser hat einen deutlich niedrigeren Siedepunkt als Bremsflüssigkeit. Durch die hohen Temperaturen kann es deshalb bei einem zu hohen Wasseranteil zu Dampfblasenbildung kommen, was zu einem Ausfall der Bremsanlage führen kann. Deshalb muss die Bremsflüssigkeit regelmäßig gewechselt werden.

Fahrzeugtechnik

Lösungshinweise zu 2.04

1. Die Nockenwelle wird von der Kurbelwelle angetrieben und dient der Ventilsteuerung. Die Nocken der Nockenwelle öffnen die Ein- und Auslassventile für den Gasaustausch.

2. Beim Betätigen des Bremspedals verschiebt der Kolben des Hauptbremszylinders die Bremsflüssigkeit und baut Druck auf, der sich über die Bremsleitungen bis zu den Radbremszylindern fortsetzt. Dadurch werden die Bremskolben in den Bremszangen gegen die Bremsbeläge gepresst. Die entstehende Reibung verzögert das Rad.

3. Das ABS verhindert das Blockieren der Räder beim Bremsen, wodurch die Fahrstabilität und das Lenkvermögen erhalten bleibt. Bei den meisten Bremsvorgängen verkürzt sich darüber hinaus der Bremsweg. Außerdem wird der Reifenverschleiß vermindert.

4. 5 ½ ⇨ Felgenbreite in Inch
   J ⇨ Form des Felgenhorns
   x ⇨ es handelt sich um eine Tiefbettfelge
   14 ⇨ Felgendurchmesser in Inch
   H2 ⇨ Humpfelge mit 2 Humps
   ET 12 ⇨ Einpresstiefe 12 mm

5. **Gesetzlich vorgeschrieben:**
   - Scheinwerfer für Fern- und Abblendlicht
   - Begrenzungsleuchten
   - Rücklicht
   - Kennzeichenbeleuchtung
   - Rückstrahler
   - Bremslicht
   - Blinker und Warnleuchten
   - Nebelschlussleuchte

   zusätzlich erlaubt:
   - Zusatz-Fernscheinwerfer
   - Nebelscheinwerfer
   - Hochgesetzte Zusatzbremsleuchten

6. - Schmieren
   - Kühlen
   - Reinigen
   - Korrosionsschutz
   - Abdichten

Lösungshinweise zu 2.05

1. Um die Leistung des Verbrennungsmotors zu erhöhen, kann man unter anderem die Zylinderfüllung mit dem Luft-Kraftstoff-Gemisch verbessern. Dabei hilft z. B. die Mehrventiltechnik oder die Aufladung.

   Die Aufladung kann mit Kompressor oder Turbolader erfolgen. Die Leistungssteigerung wird dadurch erzielt, dass mit der vorverdichteten Luft auch mehr Sauerstoff in die Zylinder gelangt und damit mehr Kraftstoff verbrannt werden kann.

   Beim Kompressor spricht man von mechanischer Aufladung, da er direkt angetrieben wird, während der Abgasturbolader im Abgasstrom mitläuft und dadurch keine Antriebsverluste wirken.

2. **1. Arbeitstakt:** Ansaugen – Durch den sich nach unten bewegenden Kolben wird ein Unterdruck erzeugt, der ein Kraftstoff-Luft-Gemisch durch das geöffnete Einlassventil ansaugt.

   2. Arbeitstakt: Verdichten – Die Ventile sind geschlossen. Durch den sich nach oben bewegenden Kolben wird das Kraftstoff-Luft-Gemisch komprimiert, Druck und Temperatur steigen.

   3. Arbeitstakt: Arbeiten – Das komprimierte Kraftstoff-Luft-Gemisch wird entzündet und dehnt sich explosionsartig aus. Der Kolben wird nach unten gedrückt.

   4. Arbeitstakt: Ausstoßen – Der Kolben bewegt sich aufwärts. Die verbrannten Gase werden durch das Auslassventil ausgestoßen.

3. Die Lambdasonde ist ein Sensor, der im Abgasstrom den jeweiligen Restsauerstoffgehalt misst, um daraus das Verhältnis von Verbrennungsluft zu Kraftstoff für die weitere Verbrennung zu regeln. Dadurch wird gewährleistet, dass weder ein Kraftstoff- noch ein Luftüberschuss auftreten kann. Die Lambdasonde ist der Hauptsensor im Regelkreis der Lambdaregelung zur katalytischen Abgasreinigung.

4. Der Vorteil von Einspritzsystemen liegt darin, dass mit elektronischer Hilfe die Steuerung von Benzineinspritzung und Zündung miteinander verknüpft werden. Es kann eine sehr präzise Dosierung von Kraftstoff in Abhängigkeit vom jeweiligen Betriebs- und Lastzustand des Motors erreicht werden. Gleichzeitig wird die Gemischbildung so gesteuert, dass die Abgase möglichst schadstoffarm sind.

5. Im PKW findet man häufig Vier-, Sechs- und Achtzylindermotoren. Daneben gibt es Zwei-, Drei-, Fünf-, Zehn- und Zwölfzylindermotoren. In Zweirädern werden Ein-, Zwei-, Drei-, Vier- und Sechszylinder verbaut.

   Je nach Lage der Zylinderachsen spricht man vom Reihenmotor, Boxermotor und V-Motor. Die Zylinderachsen können stehend oder liegend angeordnet sein. Besondere Ausführung von V-Motoren sind der VR-Motor und der W-Motor.

Fahrzeugtechnik

Lösungshinweise zu 2.06

1. Der Ablauf der Arbeitstakte beim Dieselmotor ist ähnlich wie beim Ottomotor. Der Dieselmotor saugt die erforderliche Luft an und verdichtet sie so stark, dass es zu einer Selbstentzündung des Kraftstoff-Luft-Gemisches kommt. Er benötigt keine Zündanlage, aber grundsätzlich eine Einspritzanlage.

2. Wegen der hohen Verdichtung erzielt der Dieselmotor einen besseren Wirkungsgrad. Das bedeutet, der Kraftstoff wird in bis zu 25 % mehr Bewegungsenergie umgesetzt als bei einem Ottomotor. Dadurch ist der Kraftstoffverbrauch entsprechend geringer.

    Ein weiterer Vorteil ist sowohl der niedrigere Kraftstoffpreis als auch die Steuervorteile, was den Dieselmotor in Verbindung mit der Verbrauchsersparnis insbesondere für Vielfahrer empfehlenswert macht. Das hohe Drehmoment des Dieselmotors liefert hohe Durchzugskraft und Elastizität, was insbesondere Fahrer schätzen, die häufiger mit Anhängern unterwegs sind.

3. **CNG** = Compressed Natural Gas = Erdgasantrieb

    Seit einigen Jahren wird Erdgas verstärkt als Kraftstoff für Kraftfahrzeuge verwendet und in diesem Zusammenhang wegen seiner komprimierten und verflüssigten Form als CNG Compressed Natural Gas bezeichnet.

    Der Erdgasantrieb gewinnt als Alternative immer mehr an Bedeutung. Die meisten Fahrzeuge sind bivalent ausgerüstet, das bedeutet, sie können mit Erdgas oder Benzin/Diesel gefahren werden.

    LPG = Liquefied Petroleum Gas = Autogasantrieb

    Neben dem Erdgas gibt es als weitere Alternative das Autogas, das bei 8 bis 10 bar flüssig gespeichert wird. Durch den geringeren technischen Aufwand sind Autogaslösungen besonders für die Nachrüstung geeignet.

    Im allgemeinen Sprachgebrauch versteht man unter Flüssiggas z. B. Propan, Butan und deren Gemische, die bei Raumtemperatur unter vergleichsweise geringem Druck flüssig werden.

    Es fällt als Nebenprodukt der Raffinierung von Erdöl und als Begleitgas bei der Förderung von Erdöl und Erdgas an, es ist somit ein fossiler Energieträger.

4. Unter einem Hybridfahrzeug versteht man generell die Kombination zweier Antriebssysteme, meist ein Verbrennungsmotor (seit 2018 verstärkt auch Dieselmotoren) und ein Elektromotor. Dadurch sollen die Stärken der jeweiligen Antriebsarten optimal genutzt und deren Schwächen vermieden werden.

    Grundsätzlich gibt es zwei Formen von Hybrid-Fahrzeugen:

    HEV – Hybrid Electric Vehicle

    Dies sind die klassischen Hybridfahrzeuge, bei denen ein Akku beim Anfahren den Verbrennungsmotor unterstützt. Diese Fahrzeuge werden oft als Mild-Hybrid bezeichnet, da diese Fahrzeuge nicht rein elektrisch fahren können. Der Akku wird durch Rekuperation beim Bremsen geladen.

    PHEV – Plugin Hybrid Electric Vehicle

    Der Akku dieses Hybridfahrzeuges ist größer und kann per Steckdose oder Ladestation geladen (Plug-in = einstecken) werden. Ein PHEV kann wenige Kilometer rein elektrisch fahren.

    Die nächste Stufe zur Elektromobilität ist das reine Elektrofahrzeug, das BEV – Battery Electric Vehicle

    Hier ist eine relativ große Batterie verbaut, es gibt keinen Verbrennungsmotor. Aufgeladen wird der Akku über eine Ladestation.

Fahrzeugtechnik

5. **Wasserstoffantrieb** – Es handelt sich prinzipiell um Benzinmotoren, die entweder mit Benzin oder mit Wasserstoff angetrieben werden können. Die Verbrennung von Wasserstoff ist besonders umweltfreundlich, da kein CO_2 entsteht. Allerdings ist die Herstellung von Wasserstoff sehr energieintensiv, was die Gesamt-Umwelt-Bilanz wieder verschlechtert.

Brennstoffzellenantrieb – Hier wird der Wasserstoff an Bord des Fahrzeuges zunächst in elektrische Energie umgewandelt, mit der dann ein Elektromotor die Antriebsenergie erzeugt.

Elektroantrieb (BEV) – Hier wird die Bewegungsenergie durch einen reinen Elektroantrieb erzeugt.

Der Schwachpunkt reiner Elektroautos besteht noch immer darin, dass die benötigten Batterien bisher schwer und äußerst teuer sind. Ohne die staatliche, durch die BAFA ausgezahlte Umweltprämie, wäre der Absatz von BEV (Batterie Electric Vehicle = E-Auto) und PHEV (Plug-in Hybrid Electric Vehicle) noch nicht so hoch. Die Reichweite von Elektroautos ist weiterhin durch die aktuelle Batterietechnik begrenzt. Der Verbrauch lt. WLTP sinkt zwar mit jeder neuen Batteriegeneration, im täglichen Gebrauch im Winter/Sommer bzw. unter Last (Anhängerbetrieb, höhere Geschwindigkeit) liegt die Leistung noch immer weit hinter modernen Verbrenner-Fahrzeugen zurück. Auch die Ladezeiten sind noch nicht mit dem Nachtanken von Verbrennerfahrzeugen vergleichbar.

Fahrzeugtechnik

Lösungshinweise zu 2.07

1. **ABS – Antiblockiersystem:** Während des Bremsvorganges kann es z. B. bei Regen oder glatter Fahrbahn, aber auch bei falschem Verhalten des Fahrers zu einem Blockieren der Räder kommen. Dadurch kann das Fahrzeug nicht mehr gelenkt werden und unter Umständen ins Schleudern geraten. Das ABS regelt den Bremsdruck an jedem Rad nahe an der Blockiergrenze, sodass die Haftung zwischen Reifen und Straße optimal ausgenutzt und ein Blockieren verhindert wird. Dadurch bleibt das Fahrzeug lenkbar.

    ESP – Elektronisches Stabilitätsprogramm: Es vermindert das Schleuderrisiko bei zu schnell gefahrenen Kurven (Übersteuern, Untersteuern) durch gezielte Bremseingriffe an einzelnen Rädern und Rücknahme der Motorleistung.

    ASR – Antriebsschlupfregelung: Sie verhindert das Durchdrehen der Antriebsräder beim Beschleunigen und erhöht die Traktion auf glattem Untergrund.

2. Unter **aktiver Sicherheit** versteht man alle Maßnahmen, die dazu beitragen sollen, einen Unfall zu verhindern.
    - Sicht
    - Beleuchtung
    - Bedienung
    - Reifen
    - Lenkung
    - Bremsen
    - Signalanlage

    Unter **passiver Sicherheit** versteht man alle Maßnahmen, die helfen, die Folgen eines Unfalls zu vermeiden oder zu reduzieren.
    - Deformationselemente
    - Airbag, Sicherheitsgurt
    - Unterfahrschutz bei LKW
    - Unterbrechung der Benzinzufuhr
    - Verbundsicherheitsglas
    - Seitenaufprallschutz

3. Der Parklenkassistent steuert das Fahrzeug automatisch in Längs- und Querparklücken und parkt zudem oft aus Längsparklücken aus. Das System unterstützt den Fahrer, indem es selbsttätig die optimalen Lenkradbewegungen durchführt, um auf der Ideallinie einzuparken. Die Vermessung der Parklücke, die Zuweisung der Startposition und die Lenkbewegungen übernimmt automatisch das System – der Fahrer muss nur noch Gas geben und bremsen sowie den gewünschten Gang einlegen. Dabei behält er jederzeit die Kontrolle über das Fahrzeug.

Fahrzeugtechnik

4. Der **Spurhalteassistent** hilft dem Fahrer, Unfälle durch ungewolltes Verlassen der Fahrbahn zu vermeiden. Falls sich andeutet, dass das Fahrzeug unbeabsichtigt die Spur verlässt, warnt der Spurhalteassistent je nach Hersteller optisch, akustisch oder mit Vibrationen in Sitz oder Lenkrad. Bei einigen Systemen lenkt der Spurhalteassistent zudem kontinuierlich und weich gegen.

   Mit **Kurvenlicht** werden Fahrzeugscheinwerfer bezeichnet, die bei Kurvenfahrt ihre Leuchtrichtung in Kurvenrichtung verändern. Dadurch soll die Fahrsicherheit bei Dunkelheit durch ein besseres Sichtfeld (Ausleuchtung) erhöht werden.

5. Breitere Reifen haben eine größere Aufstandsfläche (Latsch) und dadurch ein besseres Fahrverhalten. Die Haftung und damit die mögliche Kurvengeschwindigkeit werden erhöht. Außerdem wird bei vielen Fahrzeugen die Optik durch breitere Reifen verbessert.

   Leichtmetallfelgen haben gegenüber Stahlfelgen ein geringeres Gewicht und somit geringere gefederte Massen, was sich positiv auf den Fahrkomfort auswirkt. Die freiere Gestaltungsmöglichkeit von Leichtmetallfelgen verbessert ebenfalls meist den optischen Eindruck des Fahrzeuges.

6. Ganzjahresreifen stellen einen Kompromiss zwischen Sommer- und Winterreifen dar, der weder im Sommer noch im Winter optimal ist. Vorteil für Wenigfahrer: nur ein Satz Reifen für das ganze Jahr, die zweimalige Umrüstung von Sommer auf Winter und umgekehrt ist nicht notwendig.

Fahrzeugtechnik

Lösungshinweise zu 2.08

1. Als Ersatzteile werden alle Teile bezeichnet, die zur Grund- bzw. Serienausstattung eines Fahrzeuges gehören. Alle Teile, die zusätzlich zur Grund- bzw. Serienausstattung eingebaut oder erworben werden, bezeichnet man als Zubehör.

2. **Originalteile:** Sie werden als Eigenkonstruktionsteile (Beispiel: Motor, Kotflügel) bei der Serienproduktion des Fahrzeuges mitgefertigt, oder als Kaufteile (Beispiel: Reifen, Sicherheitsgurte) nach Konstruktions- und Qualitätsvorgaben des Herstellers von einem Zulieferer gefertigt.

   Austauschteile: Sie werden gebraucht aus Fahrzeugen als Altteile ausgebaut und beim Hersteller aufbereitet. Die Qualität, Zuverlässigkeit und Funktion sind fabrikneuen Teilen gleichzusetzen. Beispiel: Ein defekter Anlasser wird vom Hersteller komplett zerlegt, und mit neuen Teilen wieder aufgebaut.

   Gebrauchtteile: Aus Kostengründen kann bei einer zeitwertgerechten Reparatur auf den Einsatz von Neuteilen verzichtet werden. Gebrauchte, jedoch nicht sicherheitsrelevante Teile werden z. B. von Unfallfahrzeugen mit Totalschaden ausgebaut und in ein Kundenfahrzeug eingebaut.

   Nachbauteile: Nachbauteile werden unabhängig vom Hersteller der Originalteile gefertigt und unterliegen nicht den hohen Anforderungen der Fahrzeughersteller. Beispiele: Auspuffanlagen, Stoßstangen, Sportsitze

3. Originalersatzteile, Teile in Erstausrüsterqualität, Fremdteile

4. Für Fahrzeugteile kann eine Betriebserlaubnis, bei Serienteilen eine Typgenehmigung, aufgrund eines vorgelegten Gutachtens von der Zulassungsstelle erteilt werden. Die Betriebserlaubnis / Typgenehmigung wird mit dem Typzeichen auf dem Teil selbst, auf einem Teile-Etikett oder auf der Verpackung bestätigt.

5. Durch den Einbau von Teilen ohne Betriebserlaubnis erlischt die Betriebserlaubnis des gesamten Fahrzeuges. Das geht aus der Straßenverkehrs-Zulassungs-Ordnung (StVZO) hervor:

   > **§ 19 Erteilung und Wirksamkeit der Betriebserlaubnis**
   >
   > (2) Die Betriebserlaubnis des Fahrzeugs bleibt, wenn sie nicht ausdrücklich entzogen wird, bis zu seiner endgültigen Außerbetriebsetzung wirksam. Sie erlischt, wenn Änderungen vorgenommen werden, durch die
   > 1. die in der Betriebserlaubnis genehmigte Fahrzeugart geändert wird,
   > 2. eine Gefährdung von Verkehrsteilnehmern zu erwarten ist oder
   > 3. das Abgas- oder Geräuschverhalten verschlechtert wird.
   > [...]
   >
   > (5) Ist die Betriebserlaubnis nach Absatz 2 Satz 2 erloschen, dürfen nur solche Fahrten durchgeführt werden, die in unmittelbarem Zusammenhang mit der Erlangung einer neuen Betriebserlaubnis stehen. Am Fahrzeug sind die bisherigen Kennzeichen oder rote Kennzeichen zu führen. Die Sätze 1 und 2 gelten auch für Fahrten, die der amtlich anerkannte Sachverständige für den Kraftfahrzeugverkehr im Rahmen der Erstellung des Gutachtens durchführt.

   – Auszug –

6. Die elektronischen Teilekataloge werden von allen Fahrzeugherstellern herausgegeben. Sie enthalten sämtliche Ersatzteile eines Fahrzeuges und Explosionszeichnungen, durch die eine technische Zusammengehörigkeit von Einzelteilen verständlich dargestellt wird.

Fahrzeugtechnik

Lösungshinweise zu 2.09

1. Neben den mechanischen Systemen gibt es noch die hydraulischen, die pneumatischen, die elektrischen, die elektronischen, die pyrotechnischen und die Systeme zur Konnektivität.

2. Das Fahrwerk stellt die Verbindung zwischen Fahrzeug und Straße her. Die Motorleistung wird über das Fahrwerk als Drehbewegung auf die Räder übertragen, der Zustand der Straße wird wiederum über das Fahrwerk auf die Karosserie und die Insassen übertragen. Zum Fahrwerk gehören die Räder und Reifen, die Achsen mit den Radaufhängungen sowie das Feder-/Dämpfersystem.

3. - Trennen der Kupplung
   - Servolenkung
   - Bremssystem
   - elektrische Heckklappe
   - elektrisches Cabrio-Verdeck

4. Die **Trommelbremse** findet oft in preisgünstigen und leistungsschwachen Fahrzeugen an der Hinterachse Verwendung, da hier kostengünstig die Feststellbremse integriert werden kann. Die Bremstrommeln sind vergleichsweise schwer und werden direkt an die Räder geschraubt. Von innen werden die Bremsbeläge hydraulisch an die Trommeln gepresst. Durch die Bauform kann die entstehende Wärme nicht entweichen, die Bremsen können leicht überhitzen und es kommt zum Bremsen-Fading.

   Die **Scheibenbremse** ist aufwändiger konstruiert, jedoch leichter und feinfühliger zu dosieren als Trommelbremsen. Hier sind meist Bremsscheiben aus Stahl (auch Karbon- oder Keramikscheiben bei teuren Sportwagen) an den Rädern montiert, gegen die die Bremsbeläge von außen hydraulisch gepresst werden. Durch diese Bauform kann die Wärme besser abgeleitet werden

5. Die Bremsflüssigkeit leitet den Druck, der über das Bremspedal ausgeübt wird, über Bremsleitungen und Bremsschläuche an die Radbremsen. Über die Bremsschläuche nimmt die Bremsflüssigkeit mit der Zeit Wasser auf. Dieses Verhalten der Bremsflüssigkeit bezeichnet man als hygroskopisch.

   Bei starker Belastung, z. B. durch mehrmaliges Bremsen aus hoher Geschwindigkeit oder bei Bergabfahrten kann der Wasseranteil in der Bremsflüssigkeit zu kochen beginnen und Dampfblasen bilden. Dies führt zu einer Verringerung oder zum Totalausfall der Bremswirkung.

   Deshalb muss die Bremsflüssigkeit alle zwei Jahre gewechselt werden.

Notizen

3 Beschaffung, Lager, Teile und Zubehör

Notizen

Beschaffung, Lager, Teile und Zubehör

Lösungshinweise zu 3.01

1. Bei der Anlieferung sind in Anwesenheit des Frachtführers zunächst drei Dinge zu überprüfen:
   - Stimmt die Empfänger- und Absenderanschrift?
   - Stimmt die Anzahl der Packstücke (hier: 1 Gitterbox, 3 Dachgepäckboxen, 5 Kartons)?
   - Ist die Verpackung der Dachboxen bzw. der 5 Kartons äußerlich unbeschädigt?

2. Die Abkürzung KEP-Dienst steht für Kurier-, Express- und Paketdienst, damit sind Logistik- und Postdienste gemeint.

3. Mögliche Unterlagen sind:
   - Packzettel und Lieferschein
   - Kundenauftrag
   - Rechnung
   - Bestellscheindurchschlag
   - Auftragsbestätigung
   - Aufbewahrte Proben oder Muster

4. Die Kontrolle der Ware erstreckt sich auf die Menge, Art, Güte, Beschaffenheit und Aufmachung. Bei Massenartikeln genügen Stichproben.

5. Der Mangel ist unverzüglich beim Lieferer zu rügen. Hierzu muss der Mangel genau beschrieben werden. Die beanstandete Ware ist ordnungsgemäß zu lagern, damit keine weiteren Schäden entstehen, sie darf nicht ohne Weiteres zurückgesandt werden.

6. Beim zweiseitigen Handelskauf sind eingegangene Artikel unverzüglich zu prüfen. Ist der Mangel bereits bei der Übergabe erkennbar, so kann die Annahme verweigert werden.

   Offene Mängel müssen unverzüglich nach der Prüfung gerügt werden, versteckte Mängel unverzüglich nach der Entdeckung, jedoch innerhalb der Gewährleistungsfrist. Für arglistig verschwiegene Mängel gilt eine dreijährige Verjährungsfrist.

7. Der Verbraucher muss nicht unverzüglich prüfen, die Mängelrüge bei offenen und versteckten Mängeln kann jederzeit innerhalb der Gewährleistungsfrist erfolgen.

Beschaffung, Lager, Teile und Zubehör

Lösungshinweise zu 3.02

1. Mithilfe der AGB wird der Vertragsabschluss wesentlich vereinfacht. Vertragsinhalte müssen nicht mehr einzeln verhandelt werden, häufige Vertragsbestandteile sind vorformuliert und auf der Vertragsurkunde (Angebots-, Bestell-, Auftragsformular, …) oder auf einem gesonderten Blatt abgedruckt.

2. - Angebot, Preis, Zahlung
   - Gefahrenübergang
   - Gewährleistung
   - Eigentumsvorbehalt
   - Erfüllungsort
   - Gerichtsstand
   - Schlussbestimmung

3. Ohne Zustimmung sind die AGB unwirksam. Der Kunde muss ausdrücklich auf die AGB hingewiesen werden bzw. muss er durch deutlich sichtbaren Aushang auf sie aufmerksam gemacht werden. Der Kunde muss mit den AGB einverstanden sein. In der Werkstatt muss z. B. der Reparaturauftrag vom Kunden unterschrieben werden, damit die AGB Bestandteil des Vertrages werden.

4. Durch gesetzliche Regelungen der AGB innerhalb des Bürgerlichen Gesetzbuches (BGB) soll eine Benachteiligung des wirtschaftlich Schwächeren verhindert werden, sie schützen den Endverbraucher. So sind z. B. außergewöhnliche Regelungen, mit denen der Kunde nicht rechnen muss, nicht Bestandteil des Vertrages.

   Beispiel: Ein Kunde kauft unter Einbeziehung der AGB ein Navigationsgerät. Nach einiger Zeit kommt bei ihm ein Werkstattmitarbeiter vorbei und er stellt fest, dass er mit dem Kauf des Navigationsgerätes gleichzeitig einen 3-jährigen Wartungsvertrag abgeschlossen hat.

5. Es gelten dann die jeweiligen gesetzlichen Regelungen.

   AGB-Regelung: Erfüllungsort und Gerichtsstand für Lieferung und Zahlung einschließlich Wechselklagen, insbesondere das gerichtliche Mahnverfahren, ist Köln (Sitz des Autohauses Weinhuber).

   Gesetzliche Regelungen: Erfüllungsort für die Lieferung ist der Wohn- oder Geschäftssitz des Verkäufers, Erfüllungsort für die Zahlung ist der Wohn- oder Geschäftssitz des Käufers.

6. **Neuwagenabteilung**
   - AGB für den Verkauf von fabrikneuen Kraftfahrzeugen und Anhängern

   Gebrauchtwagenabteilung
   - AGB für den Verkauf von gebrauchten Kraftfahrzeugen und Anhängern

   Teile- und Zubehörbereich
   - AGB für den Einkauf und Verkauf neuer und gebrauchter Fahrzeugteile

   Werkstatt
   - AGB für die Ausführung von Arbeiten an Kraftfahrzeugen, Anhängern, Aggregaten und deren Teilen und für Kostenvoranschläge

Beschaffung, Lager, Teile und Zubehör

Lösungshinweise zu 3.03

1. Für die Ermittlung eines neuen Lieferanten bestehen grundsätzlich zwei unterschiedliche Möglichkeiten:

   Unternehmensinterne Bezugsquellen: Artikeldatei, Lieferantenstammdaten, interne Messen, Berichte über frühere Messebesuche, Gesprächsnotizen, Statistiken

   Unternehmensexterne Bezugsquellen: Adressbücher und Branchenverzeichnisse, Messen und Ausstellungen, Internet, Adressdatenbanken, Inserate in Fachzeitschriften, Auskünfte von Geschäftspartnern, Auskunfteien, Banken, Marktforschungsinstituten.

2. Die Anfrage ist rechtlich unverbindlich. Sie dient lediglich zur Einholung mehrerer Angebote.

3. Qualität, Lieferfristen, Zahlungsziele, Lieferfähigkeit, langjährige und gute Geschäftsbeziehung, Entgegenkommen bei Mängelrügen (Kulanzverhalten), Zuverlässigkeit, Beratung und Service.

4. Mündlich abgegebene Angebote gelten für die Dauer der Unterredung.

   Schriftlich abgegebene Angebote gelten nur so lange, bis der Eingang der Antwort unter regelmäßigen Umständen erwartet werden kann. Hier muss die Beförderungsdauer des Angebotes und die Zeit der Entscheidung berücksichtigt werden. In der Praxis werden folgende Fristen angenommen: Angebote per Brief 1 Woche, Angebote per Fax 3 Tage, Angebote per E-Mail unverzüglich (24 Stunden).

   Im heutigen Geschäftsleben sind vertragliche Bindungsfristen üblich. In den Angeboten sind Fristen angegeben, bis zu denen das Angebot verbindlich ist.

5. Mit Hilfe von Freizeichnungsklauseln kann ein Angebot vollständig oder in Teilen unverbindlich werden:

   „Angebot freibleibend", „Angebot unverbindlich", „ohne Obligo"
   ⇨ Menge und Preis sind unverbindlich

   „Preis freibleibend", „Preiserhöhung vorbehalten"
   ⇨ Menge verbindlich, Preis unverbindlich

   „Menge freibleibend", „solange Vorrat reicht"
   ⇨ Menge unverbindlich, Preis verbindlich

6. Anpreisungen sind nicht an eine bestimmte Person, sondern an die Allgemeinheit gerichtet und rechtlich unverbindlich. Beispiele: Zeitungsanzeigen, Prospekte, Schaufensterauslagen, Plakate, Radiospot, …

Beschaffung, Lager, Teile und Zubehör

Lösungshinweise zu 3.04

1. Ein Eigentumsvorbehalt liegt vor, wenn sich der Verkäufer das Eigentum an der verkauften Sache bis zur vollständigen Zahlung des Kaufpreises vorbehält (einfacher Eigentumsvorbehalt).

   Vom **verlängerten Eigentumsvorbehalt** spricht man, wenn beim Weiterverkauf die entstehende Forderung an den Verkäufer abgetreten wird. Wird die verkaufte Sache weiterverarbeitet, wird der damit hergestellte Gegenstand zur Sicherung an den Verkäufer übereignet.

   Der **erweiterte Eigentumsvorbehalt** liegt vor, wenn sich der Verkäufer zur Sicherung seiner Forderungen das Eigentum an allen von ihm an denselben Käufer gelieferten Sachen vorbehält.

2. Der Erfüllungsort ist der Ort, an dem der Schuldner seine Leistung erbringen muss und sich somit von seiner Leistungspflicht befreit. Beim Kaufvertrag gibt es zwei Schuldner, der Verkäufer schuldet die Warenlieferung, der Käufer schuldet die Zahlung.

   Ergeben sich Streitigkeiten im Zusammenhang mit dem Vertragsverhältnis, regelt der Gerichtsstand die sachliche und örtliche Zuständigkeit, d. h. welches Gericht für eine Klage zuständig ist.

3. Die gesetzliche Regelung für die Transportkosten (Fracht, Verladekosten, Rollgeld, Transportversicherung, …) besagt, dass der Käufer alle Kosten zu tragen hat, wenn er die Ware nicht selbst beim Lieferer abholt.

   Vertraglich können drei unterschiedliche Vereinbarungen über die Transportkosten getroffen werden:
   Der Käufer trägt alle Versandkosten: „ab Werk", „ab Lager", …
   Der Verkäufer trägt alle Versandkosten: „frei Haus", „frei Lager", …
   Die Versandkosten werden zwischen Käufer und Verkäufer aufgeteilt: „unfrei", „ab hier", „frei", „frachtfrei", …

4. • **Zahlung vor der Lieferung:**

   „20 % Anzahlung bei Bestellung", „Zahlung im Voraus", …

   • **Zahlung bei Lieferung:**

   „gegen bar", „gegen Kasse", „gegen Nachnahme", …

   • **Zahlung nach der Lieferung:**

   „Zahlung innerhalb 30 Tagen ab Rechnungsdatum netto", …

5. Wertspesen werden vom Wert der Sendung berechnet: Transportversicherung, Einfuhrzölle, Vermittlungsgebühren, Kursdifferenzen.

   Gewichtsspesen werden vom Gewicht der Sendung berechnet: Porto, Fracht, Verlade-, Umlade- oder Lagerkosten.

Beschaffung, Lager, Teile und Zubehör

Lösungshinweise zu 3.05

1. Ziel der Mengenplanung bei der Bestellung ist es, einerseits stets lieferfähig zu sein, andererseits die Beschaffungs- und Lagerhaltungskosten möglichst gering zu halten. Große Mengen bedeuten hohe Kosten, jedoch eventuell Rabatte beim Lieferer, kleine Mengen bedeuten geringere Kosten, jedoch das Risiko, dass der Servicegrad sinkt.

2. Der Servicegrad sagt aus, mit welcher Wahrscheinlichkeit ein benötigtes Ersatzteil im Lager vorrätig ist. Ein Servicegrad von 70 % bedeutet, dass 7 von 10 benötigten Ersatzteilen im Lager vorrätig sind, 3 von den 10 benötigten Ersatzteilen müssen erst bestellt werden.

3. **Bestellpunktverfahren**: Die Bestellung von Ersatzteilen und Zubehör erfolgt bei Erreichen eines vorher festgelegten Bestellpunktes, dem Meldebestand. Dieses Verfahren eignet sich besonders für Ersatzteile mit unregelmäßigem Absatz, z. B. Artikel aus dem Zubehör-Shop.

   Bestellrhythmusverfahren: Die Bestelltermine wiederholen sich in einem bestimmten periodischen Rhythmus, z. B. jeden 1. Dienstag im Monat, jeden Freitag, alle 7 Tage. Dieses Verfahren eignet sich besonders bei Ersatzteilen mit annähernd gleichem Absatz, z. B. Öl- und Luftfilter.

4. **Höchstbestand**: Der Höchstbestand wird beim Eintreffen neuer Ersatzteile erreicht, aus Kosten- und Platzgründen darf er nicht überschritten werden.

   Meldebestand: Das ist der Lagerbestand, bei dessen Erreichen neu bestellt werden muss. Er muss so groß sein, dass unter Berücksichtigung des Absatzes und der Beschaffungszeit der eiserne Bestand nicht angegriffen wird.

   Formel:
   Meldebestand = (täglicher Bedarf x Beschaffungszeit) + eiserner Bestand

   Mindestbestand: Der eiserne Bestand ist die Menge, die ständig auf Lager sein muss, um auch bei Lieferschwierigkeiten lieferfähig zu sein.

5. **Beschaffungskosten**:

   Kosten, die im Zusammenhang mit der Beschaffung von Ersatzteilen anfallen.

   - Unmittelbare Beschaffungskosten resultieren aus der Bestellmenge multipliziert mit dem Bestellpreis und den Nebenkosten wie Zoll, Versicherung usw.
   - Mittelbare Beschaffungskosten sind mit dem Bestellvorgang verbunden, jedoch nicht mengenabhängig (Personal, Porto, Telefon usw.).

   Lagerkosten:
   - Kosten der Lagereinrichtung
   - Kosten der Lagerverwaltung
   - Kosten des Lagerrisikos (Schwund, Verderb, Diebstahl)
   - Kosten des im Lager(-bestand) investierten Kapitals

Beschaffung, Lager, Teile und Zubehör

Lösungshinweise zu 3.06

1. Wenn mit einer relativ kleinen Anzahl von Artikeln ein relativ großer Umsatz erzielt wird, sollte sich die Aufmerksamkeit von Beschaffung und Lagerhaltung auf diese Artikel konzentrieren und sich weniger um die Artikel kümmern, die nur wenig zum Umsatz beitragen.

2. Wareneinsatz: Wert der verkauften Ersatzteile zum Einstandspreis

    Absatz: Die Menge (Stückzahlen) der verkauften Ersatzteile

    Umsatz: Der Wert der verkauften Ersatzteile zum Verkaufspreis

3. **A-Güter** sind Ersatzteile mit hohem Wertanteil, die jedoch in geringen Stückzahlen benötigt werden (z. B. LED-Scheinwerfer).

    C-Güter sind die Ersatzteile mit geringem Wertanteil, die jedoch in großen Stückzahlen benötigt werden (z. B. Schrauben, Federringe, …).

    B-Güter liegen dazwischen.

4. Vorgehensweise bei der Durchführung der ABC-Analyse:

    Erfassen der Preise und der Mengen je Artikel

    ⇩ Ermittlung des Einkaufswertes je Artikel (Bezugspreis je Einheit x Menge)

    ⇩ Ermittlung des prozentualen Wertes am gesamten Einkaufswert

    ⇩ Sortieren der Artikel vom höchsten zum niedrigsten prozentualen Wert

    ⇩ Kumulieren der Werte und Einteilung in eine Kategorie (A-, B- oder C-Güter)

5. Der Beschaffung ist bei den A-Teilen große Aufmerksamkeit zu widmen. Der Bedarf, die Bestellmengen und auch die Bezugsquellen müssen regelmäßig überprüft werden. Die Kontrolle durch Lagerkennzahlen ist unbedingt erforderlich.

    Bei den C-Teilen erfolgt die Kontrolle der Lagerkennzahlen nur gelegentlich, die Beschaffung kann weitgehend rationalisiert werden.

    Die B-Teile werden mit mittlerem Aufwand bedacht.

Beschaffung, Lager, Teile und Zubehör

Lösungshinweise zu 3.07

1. Durch den Kaufvertrag wird der Verkäufer einer Sache verpflichtet, dem Käufer die Sache frei von Sach- und Rechtsmängeln zu übergeben und das Eigentum an der Sache zu verschaffen. Folgende Sachmängel sind zu unterscheiden:
   - Es wurde zu wenig geliefert (bestellt waren drei Stoßstangen, geliefert wurden zwei).
   - Es wurde eine andere Sache als die bestellte geliefert (es wurde eine vordere Stoßstange bestellt, eine Heckstoßstange geliefert).
   - Die vereinbarte Beschaffenheit ist nicht gegeben (Anstatt einer lackierten Stoßstange wurde eine geliefert, die nur grundiert wurde).
   - Die Sache eignet sich nicht für die vertraglich vorausgesetzte Verwendung (ein Koffer, der für die Verwendung auf dem Dachgepäckträger bestellt wurde, ist nicht wasserdicht).
   - Die Sache eignet sich nicht für die gewöhnliche Verwendung und weist nicht die übliche Beschaffenheit auf (der für die Werkstatt bestellte Schlagschrauber stellt sich als ein Haushalts-Werkzeug heraus und ist der Dauerbelastung im Reifenwechsel-Service nicht gewachsen).
   - Die Montageanleitung ist mangelhaft (aufgrund einer fehlerhaften Montageanleitung wurde das Autoradio falsch angeschlossen, wodurch ein Kurzschluss in der Elektrik entstand).
   - Die Montage der Sache wurde unsachgemäß durchgeführt (im Car-HiFi-Zentrum wurde das Autoradio falsch angeschlossen, so dass der rechte Lautsprecher nicht funktioniert).

2. Ein Rechtsmangel liegt vor, wenn der Verkäufer eine Sache veräußert, auf der noch Rechte Dritter lasten (bezogene Dachboxen können nicht weiterverkauft werden, da der Designer keine Lizenz zum Weiterverkauf erteilt hatte).

3. **Offene Mängel** sind bei der Übergabe ersichtlich, ein Mangel kann sofort festgestellt werden (z. B. das Scheinwerferglas hat einen Riss).

   Versteckte (verdeckte) Mängel sind bei der Übergabe trotz Prüfung nicht erkennbar. Sie werden erst später, z. B. während des Gebrauchs oder der Verarbeitung erkannt (das Scheinwerfer-Relais ist ohne Funktion, der Scheinwerfer leuchtet nicht).

   Arglistig verschwiegene Mängel sind Mängel, die der Verkäufer dem Käufer bei der Übergabe bewusst verheimlicht hat (ein Unfallwagen wird als „unfallfrei" verkauft).

4. Wenn bei einer Lieferung Mängel festgestellt werden, muss der Käufer diese Mängel beim Verkäufer rügen:

   Zweiseitiger Handelskauf: offene Mängel sind unverzüglich nach der Prüfung zu rügen, versteckte Mängel unverzüglich nach der Entdeckung, jedoch innerhalb der gesetzlichen Gewährleistungsfrist. Für arglistig verschwiegene Mängel gilt die dreijährige Verjährungsfrist.

   Einseitiger Handelskauf: Der Verbraucher muss eine Sache weder unverzüglich prüfen noch unverzüglich rügen. Prüfung und Rüge können innerhalb der gesetzlichen Gewährleistungsfrist erfolgen.

5. Zeigt sich innerhalb von sechs bzw. 12 Monaten (ab 2022) nach Übergabe ein Sachmangel, so wird davon ausgegangen, dass der Mangel bereits bei der Übergabe vorlag. Der Verkäufer muss beweisen, dass die Ware bei Übergabe keinen Mangel aufwies. Reklamiert der Käufer einen Mangel nach sechs bzw. 12 Monaten, so trägt er die Beweislast, dass der Mangel bereits bei der Übergabe vorhanden war. Zum 01.01.2022 wurde die Sachmängelhaftung im Zusammenhang mit der Beweislastumkehr folgendermaßen geändert: Die gesetzliche Vermutung, dass ein Mangel der Kaufsache bereits beim Kauf vorlag, wurde von sechs Monaten auf ein Jahr verlängert.

6. Bei einer mangelhaften Lieferung kann der Käufer zwei Arten der Nacherfüllung verlangen:
   ⇨ Nachbesserung (Beseitigung des Mangels)
   ⇨ Neulieferung (Lieferung einer mangelfreien Sache)

Beschaffung, Lager, Teile und Zubehör

Lösungshinweise zu 3.08

1. Bei der **chaotischen Lagerung** wird jeder Artikel nach der Anlieferung dort untergebracht, wo gerade Platz ist, d. h. es gibt keine festen Lagerplätze.

   Vorteil: geringerer Platzbedarf als beim Festplatzsystem;

   Voraussetzung: Einsatz von EDV.

   Bei der **Lagerung auf festen Plätzen (Festplatzsystem)** ist für jeden Artikel entsprechend dem Lagerplan ein fester Lagerplatz vorgegeben.

   Vorteil: auch ohne EDV können die Artikel im Lager schnell und einfach gefunden werden;

   Nachteil: hoher Platzbedarf, da für jeden Artikel Platz für den Höchstbestand nach einer Anlieferung vorgehalten werden muss.

2. Der optimale Lagerbestand ist der Vorrat an Teilen und Zubehör, bei dem die größte Wirtschaftlichkeit erreicht wird. Er wird durch folgende Faktoren beeinflusst:
   - Sortiment
   - Bestellmengen
   - Lieferzeit
   - Eiserner Bestand

3. Der **durchschnittliche Lagerbestand** gibt an, wie hoch die Vorräte durchschnittlich im Laufe eines Geschäftsjahres sind. Er kann als Menge (Stück, kg, m, …) oder als Wertgröße (EUR) ermittelt werden.

   Die **durchschnittliche Lagerdauer** gibt an, wie viele Tage ein Artikel im Durchschnitt gelagert wird.

   Der **Lagerzinssatz** dient der Berechnung der (kalkulatorischen) Zinsen für das in den durchschnittlichen Vorräten gebundene Kapital.

   Die **Umschlagshäufigkeit** gibt an, wie oft der (durchschnittliche) Lagerbestand eines Artikels innerhalb eines Jahres umgesetzt wird. Sie kann mengen- und wertmäßig ermittelt werden.

4. Der betriebliche Umweltschutz ist ein wichtiges Thema, zu dem jeder im Unternehmen und jede Abteilung beitragen muss. Das Abfallproblem gehört organisatorisch zur Lagerhaltung, da hier in der Regel durch Umverpackungen, Transportverpackungen und Rücksendungen sehr viel Abfall anfällt. Die Abfallvermeidung und Abfallverwertung (stofflich, energetisch) muss Vorrang vor Abfallentsorgung haben.

5. Typische Gefahrstoffe im Autohaus sind: Airbag/Gurtstraffer (explosiv), Altöl, Batteriesäure, Bremsflüssigkeit, Dichtmittel, Kraftstoffe, Klebstoffe, Kaltreiniger, Kühlerfrostschutz, Lacke, Scheibenreiniger, Spraydosen, …

Lösungshinweise zu 3.09

1. Jeder Kaufvertrag kommt durch wechselseitige, übereinstimmende Willenserklärungen der beiden Vertragspartner zustande. Die erste Willenserklärung wird als Antrag bezeichnet, die zweite Willenserklärung ist die Annahme.

   Ein Kaufvertrag kommt z. B. durch ein Angebot des Verkäufers und die rechtzeitige Bestellung des Käufers zustande oder durch eine Bestellung des Käufers und die Bestellungsannahme (Auftragsbestätigung, Lieferung) des Verkäufers.

2. Der Kaufvertrag ist ein für beide Seiten verpflichtendes Rechtsgeschäft.

   Verpflichtungsgeschäft:

   Der Verkäufer ist verpflichtet, den Kaufgegenstand mangelfrei und rechtzeitig zu übergeben und dem Käufer das Eigentum daran zu verschaffen. Außerdem ist er verpflichtet, den vereinbarten Kaufpreis anzunehmen.

   Der Käufer ist verpflichtet, den vereinbarten Kaufpreis rechtzeitig zu bezahlen und den Kaufgegenstand abzunehmen.

   Erfüllungsgeschäft:

   Das aus dem Kaufvertrag entstandene, beidseitige Schuldverhältnis erlischt erst dann, wenn beide Vertragspartner ihre oben genannten Verpflichtungen erfüllt haben.

3. Im Kaufvertrag sollten folgende Vereinbarungen getroffen werden:
   - Art, Beschaffenheit und Güte der Ware
   - Menge
   - Preis
   - Verpackung
   - Versand
   - Lieferzeit
   - Zahlungsbedingungen
   - Erfüllungsort
   - Gerichtsstand
   - Eigentumsübertragung

Beschaffung, Lager, Teile und Zubehör

4. Beispiele für individuelle Regelungen, die von der gesetzlichen Regelung abweichen, z.B.:

Individuelle (vertragliche) Regelung	Gesetzliche Regelung
Lieferung 30 Tage nach Bestellungseingang	Sofortige Lieferung
Zahlung 30 Tage nach Erhalt der Rechnung	Sofortige Zahlung
Erfüllungsort für beide Seiten ist Hamburg (Geschäftssitz des Lieferers)	Wohnort oder Geschäftssitz des Schuldners
Gerichtsstand für beide Seiten ist Hamburg (Geschäftssitz des Lieferers)	Gericht am Wohnsitz des Beklagten

5. Die Unterschiede liegen darin, ob Käufer und/oder Verkäufer Privatpersonen oder Unternehmer (Kaufleute) sind.

	Käufer	Verkäufer
Bürgerlicher Kauf	Endverbraucher (Privatperson)	Endverbraucher (Privatperson)
Einseitiger Handelskauf	Endverbraucher (Privatperson)	Unternehmer
Sonstiger einseitiger Handelskauf	Unternehmer	Endverbraucher (Privatperson)
Zweiseitiger Handelskauf	Unternehmer	Unternehmer

Beschaffung, Lager, Teile und Zubehör

Lösungshinweise zu 3.10

1. Es handelt sich hier um einen Annahmeverzug (Nicht-rechtzeitig-Annahme). Er liegt vor, wenn ein Kunde, die ihm ordnungsgemäß angebotene Leistung nicht annimmt.

   Voraussetzungen:
   - die Lieferung muss fällig sein (zur richtigen Zeit)
   - die Lieferung muss tatsächlich angeboten worden sein (am richtigen Ort und in der richtigen Menge und Güte)
   - die Annahme der Lieferung muss verweigert worden sein

2. Rechte des Lieferers:
   - Einlagerung und Klage auf Abnahme
   - Selbsthilfeverkauf nach Androhung durch öffentliche Versteigerung oder freihändigen Verkauf (bei verderblicher Ware keine Androhung notwendig)

3. In obiger Situation ist der Annahmeverzug eingetreten, somit wird die Haftung des Verkäufers eingeschränkt. Er haftet nur noch bei grober Fahrlässigkeit und Vorsatz. Für leichte Fahrlässigkeit und höhere Gewalt haftet der Verkäufer nicht mehr.

4. Im Produkthaftungsgesetz (ProdHaftG) ist geregelt, wann und wer für Folgeschäden an Personen oder Sachen einstehen muss, die ein fehlerhaftes Produkt verursacht hat. Voraussetzung ist, dass das Produkt bereits bei Inverkehrbringung fehlerhaft war. Sobald das Produkt in den Verkehr gebracht wurde, hat der Hersteller eine Produktbeobachtungspflicht mit entsprechendem Handlungsbedarf je nach Grad des Fehlers. Der Handlungsbedarf geht von der nachträglichen Aufklärung bzw. Warnung bis hin zum Rückruf.

5. Wer haftet im Rahmen des Produkthaftungsgesetzes?
   - Der Hersteller
   - Der Importeur, der das Produkt in die EU eingeführt hat.
   - Der Händler, wenn der Hersteller nicht festgestellt werden kann (No-Name-Produkte).

Notizen

4 Marketing/Absatz

Notizen

Marketing/Absatz

Lösungshinweise zu 4.01

1. Um herauszufinden, ob das Mietwagengeschäft Marktchancen hat, bieten sich zwei Möglichkeiten der Marktforschung an:

   Marktanalyse: einmalige Untersuchung eines räumlich abgegrenzten Marktes. Es werden zu einem bestimmten Zeitpunkt Erhebungen durchgeführt, z. B. im Hinblick auf Anzahl, Kaufkraft oder Struktur potenzieller Kunden.

   Marktbeobachtung: hier erfolgt die Erhebung über einen längeren Zeitraum, wobei insbesondere die Veränderungen erfasst werden sollen.

2. Werbung ist ein wichtiges Mittel der Kommunikationspolitik eines Unternehmens. Um eine erfolgreiche Werbung zu platzieren, muss man eine Werbestrategie (einen Werbeplan) festlegen, in der u. a. folgende Inhalte definiert werden müssen:
   - Werbeziel: Was soll mit der Werbemaßnahme erreicht werden?
   - Werbeetat: Wie viel Geld steht für die Werbung zur Verfügung?
   - Zielgruppe (Streukreis): Wer soll mit der Werbung angesprochen werden?
   - Streugebiet: Wo soll geworben werden?
   - Werbemittel und Werbeträger: Womit soll geworben werden?
   - Streuzeit: Wann soll geworben werden?

   Werbeträger: Kommunikationsmöglichkeiten, um die Werbemittel zu verbreiten, z. B. Zeitungen, Radio, TV, Internet, Litfaßsäule, Plakatwand, ...

   Werbemittel: Gestaltungsformen, mit denen die Werbebotschaft übermittelt wird, z. B. Zeitungsanzeige, Radiospot, Folienaufdruck auf Omnibus im Nahverkehr, Aufdruck auf Kugelschreibern und Eiskratzern, ...

3. Marktsegmentierung bedeutet, dass der Gesamtmarkt in einzelne Marktsegmente (Käufergruppen) aufgeteilt wird. Die Segmentierung wird nach bestimmten Merkmalen, wie z. B. Alter, Geschlecht, Bildung, Einkommen, Topografie, Klimazone, Region, Religion, Nationalität, durchgeführt.

4. Wird die gleiche Leistung zu unterschiedlichen Preisen angeboten, spricht man von Preisdifferenzierung. Die Preisdifferenzierung kann räumlich, zeitlich, nach Verwendungszweck oder nach Absatzmenge erfolgen.

   Im Mietwagengeschäft des Autohauses bietet sich einmal die zeitliche Preisdifferenzierung (Sonderpreise an Feiertagen oder Wochenendtarife), nach Verwendungszweck (geschäftlich oder privat) bzw. nach Absatzmenge (längere Mietdauer, günstiger Tarif) an.

5. Es handelt sich hier um einen Verstoß gegen das Gesetz gegen unlauteren Wettbewerb (UWG).

   Das UWG verbietet vergleichende Werbung. Sie ist nur dann erlaubt, wenn sich der Vergleich auf unstrittige, nachweisbare Fakten bezieht. Dieser Nachweis ist hier wohl unmöglich.

Marketing/Absatz

6. **Budgetierung:** Vorgabe von Planzahlen (Sollzahlen) für betriebliche Teilbereiche, hier für die Werbemaßnahme. Es wird festgelegt, wie viel finanzielle Mittel für die Werbung zur Verfügung stehen.

Werbeerfolgskontrolle: Wie erfolgreich war die durchgeführte Werbemaßnahme? Die Antwort auf diese Frage ist nicht einfach zu treffen. Ökonomisch betrachtet kann man die Umsatzsteigerung während und nach der Werbemaßnahme ins Verhältnis zu den Werbekosten setzen.

Problematisch ist die Zuordnung. Vielleicht hat die Umsatzsteigerung andere Ursachen, wie lange wirkt die aktuelle Werbung nach, handelt es sich nur um einen kurzfristigen Erfolg oder hat die Werbung auch langfristige Auswirkungen auf den Umsatz.

Die Bewertung der Imageverbesserung, die Erhöhung der Kundenkontakte und die Steigerung des Bekanntheitsgrades auf Grund einer einzelnen Werbemaßnahme sind schwer messbar.

Marketing/Absatz

Lösungshinweise zu 4.02

1. Als Marketing-Mix bezeichnet man die Kombination und Koordination der einzelnen absatzpolitischen Instrumente, um die Marketing-Ziele zu erreichen.

2. Die Produkt- und Sortimentspolitik im Werkstattbereich umfasst alle Maßnahmen, die in unmittelbarem Zusammenhang mit der angebotenen Leistung (Produkt) stehen. Dazu gehören die Gestaltung der Serviceleistung, die Einführung und Veränderung einer Serviceleistung und auch die Rücknahme einer Serviceleistung vom Markt.

   Beispiele: Ein Autohaus bietet seinen Kunden Reifeneinlagerung an; neben den Werkstattersatzfahrzeugen sollen in Zukunft auch Mietfahrzeuge für die Kunden angeboten werden; Finanzierungsmodelle für umfangreiche Reparaturarbeiten werden angeboten.

3. Die Kommunikationspolitik setzt sich aus der Absatzwerbung, der Verkaufsförderung und der Öffentlichkeitsarbeit zusammen, wobei die Grenzen fließend sind. Kommunikationspolitik hat das Ziel, das Unternehmen und seine Produkte in der Öffentlichkeit umfassend darzustellen.

4. Die Preispolitik umfasst alle Entscheidungen, die Einfluss auf die Preishöhe sowie die Art und Weise der Preisfestlegung und -durchsetzung haben. Die Preispolitik eines markengebundenen Autohauses ist durch die UVP (Unverbindliche Preisempfehlung) des Herstellers stark eingeschränkt, beim Stundenverrechnungssatz, im Gebrauchtwagenbereich bzw. beim Zubehör ist eine individuelle Preisgestaltung möglich.

   Einflussfaktoren sind:
   - Kosten
   - Nachfrage
   - Mitanbieter
   - Unternehmensziele
   - Gesetzliche Vorschriften

5. A   Attention – Aufmerksamkeit erregen
   I   Interest – Interesse wecken
   D   Desire – Kaufwunsch erzeugen
   A   Action – Kaufhandlung durchführen

6. Streukreis   WER soll mit der Werbung angesprochen werden?
   Streugebiet   WO soll geworben werden?
   Streuzeit   WANN soll geworben werden?
   Streuweg   WOMIT (Werbemittel und Werbeträger) soll geworben werden?

Marketing/Absatz

Lösungshinweise zu 4.03

1. Als **Merchandising** bezeichnet man die Vermarktung von Produkten, die Bezug nehmen auf etwas Bekanntes, z. B. Basecaps mit dem Logo des Autoherstellers, T-Shirts mit dem Aufdruck eines Sängers, Kaffeetassen mit dem Werbeslogan eines Motorradmodells.

   Mit **Sales Promotion** werden alle Aktionen der Verkaufsförderung bezeichnet. Sie zielt auf die eigene Absatzorganisation (z. B. Verkäuferschulungen), auf den Handel (z. B. Werbekostenzuschüsse) oder die Verbraucher (z. B. Produktvorführungen).

2. **Public Relations** ist auf die Öffentlichkeit ausgerichtet und soll das Image des Unternehmens in der Bevölkerung positiv beeinflussen. „Tue Gutes und sprich darüber!"

   Unter **Corporate Identity** versteht man ein unverwechselbares Erscheinungsbild eines Unternehmens. Dazu zählen z. B. die Gestaltung von Firmenelementen wie Logo, Farben oder das Mitarbeiterverhalten.

3. Bei der Primärforschung werden die notwendigen Informationen erstmalig erhoben, bei der Sekundärforschung greift man auf bereits vorhandenes Datenmaterial zurück.

   Beispiel für Primärforschung: Der Auszubildende hat den Auftrag, die Kundenfrequenz im Teile- und Zubehörshop während einer ganzen Woche zu ermitteln.

   Beispiel für Sekundärforschung: Der Vertriebsleiter analysiert die veröffentlichten Zulassungszahlen des Kraftfahrtbundesamtes für sein Marktverantwortungsgebiet.

4. Marktforschung ist die systematische Beschaffung von notwendigen Informationen. Um z. B. herauszufinden, ob eine öffentlich zugängliche Waschstraße Marktchancen hat, bieten sich zwei Möglichkeiten der Marktforschung an:

   Marktanalyse: Einmalige Untersuchung eines räumlich abgegrenzten Marktes. Es werden zu einem bestimmten Zeitpunkt Erhebungen durchgeführt, z. B. im Hinblick auf Anzahl, Kaufkraft oder Struktur potenzieller Kunden.

   Marktbeobachtung: Hier erfolgt die Erhebung über einen längeren Zeitraum, wobei insbesondere die Veränderungen erfasst werden sollen.

5. Unter der **Sortimentsbreite** versteht man die Anzahl verschiedener Warengruppen bzw. Baureihen. Ein Zubehörshop hat ein breites Sortiment, wenn neben den Kindersitzen und den Navigationsgeräten auch Leichtmetallfelgen und Kaffeetassen angeboten werden.

   Sortimentstiefe beschreibt die Auswahl innerhalb einer Warengruppe oder einer Modellreihe. Der Zubehörshop bietet alle Kindersitzgrößen in vielen Farben an und hat damit ein tiefes Sortiment.

   Das **Kernsortiment** umschreibt die jederzeit vorhandenen Artikel. Der Kunde erwartet, dass diese Ersatz- und Zubehörteile jederzeit lieferbar sind. Zum Kernsortiment gehören Bremsbeläge, Luft- und Ölfilter, Zündkerzen, Scheibenwischer, …

   Zum **Randsortiment** gehören Produkte, die nicht immer vorrätig sind und im Bedarfsfall beschafft werden können. Hierzu zählen: Spoilersätze, Sportfahrwerke, Kofferraumwannen, etc.

Marketing/Absatz

Lösungshinweise zu 4.04

1. Bei der Planung müssen verschiedene Überlegungen angestellt werden:
   - Welches Ziel möchte ich durch den „Tag der offenen Werkstatt" erreichen?
   - Welches Budget steht mir für die Planung und Durchführung des Events zur Verfügung?
   - Welcher Termin kommt in Frage? Hier müssen wichtige Ereignisse (Wahlen, Weltmeisterschaften, Ferien, usw. …) sowie die Personalverfügbarkeit berücksichtigt werden.
   - Welche Räumlichkeiten, welche Technik, welches Catering stehen zur Verfügung?
   - Welche Stakeholder müssen berücksichtigt werden?
   - Benötige ich Genehmigungen, Straßensperren, Parkverbote?
   - Einladungen an Kunden, „VIP", Presse: Wann, wie, auf welchem Weg?
   - Aktionen und Programm planen
   - Welche flankierenden Werbemaßnahmen sollen ergriffen werden?

2.
   - Start der Veranstaltung zur vorgegebenen Uhrzeit.
   - offizielle Begrüßung der Kunden, der VIP, der Stakeholder
   - Beratung über die Serviceleistungen der Werkstatt / des Autohauses
   - Gästebetreuung, dabei immer auf Freundlichkeit achten, niemals „gestresst" wirken
   - Dokumentation des Ablaufs während der Veranstaltung (was lief gut, wo gab es Probleme?)
   - Betreuung der Technik
   - Auf Ordnung und Sauberkeit achten
   - Catering koordinieren
   - Musik, Kinderbetreuung, Aufführungen und Gastredner koordinieren

3.
   - Es sollte unbedingt eine Pressemitteilung in der lokalen Zeitung/im lokalen Radiosender erfolgen.
   - Das Event muss mit Bildern, Video und Text auf der Homepage des Autohauses dokumentiert werden
   - Die Social-Media-Kanäle müssen bespielt werden
   - Anerkennung und Dank an Mitarbeiter, Moderator und Stakeholder

4. Zur Evaluation muss man zunächst das Presseecho in den regionalen, evtl. auch überregionalen Zeitungen auswerten. Wie oft und insbesondere in welchem Umfang wurde über das Event berichtet?

   Eine weitere Möglichkeit der Evaluation ist die Auswertung des Rücklaufes eines durchgeführten Preisausschreibens oder die Anzahl der eingelösten Essensgutscheine.

   Die „Likes" in den Social-Media-Kanälen geben ebenfalls Aufschluss darüber, ob die Veranstaltung erfolgreich war.

Marketing/Absatz

Lösungshinweise zu 4.05

1. Als Marketing-Mix bezeichnet man die Kombination aller Marketingmaßnahmen. Es werden also die verschiedenen Marketinginstrumente Sortiments-, Preis-, Service- und Kommunikationspolitik aufeinander abgestimmt, um das vorgegebene Marketingziel zu erreichen.

2. Preisdifferenzierung bedeutet, dass die gleiche Leistung zu unterschiedlichen Preisen angeboten wird.

3. **Zeitliche Preisdifferenzierung**:

   Eine Leistung wird zu verschiedenen Zeiten zu unterschiedlichen Preisen angeboten (z. B. Inspektionspreise vor Urlaubszeiten, Preise für Mietfahrzeuge variieren am Wochenende/unter der Woche).

   Persönliche Preisdifferenzierung:

   Je nach Personengruppe werden unterschiedliche Preise erhoben (z. B. Mitarbeiterpreise; Preise für Großkunden).

   Räumliche Preisdifferenzierung:

   Eine Leistung wird an verschiedenen Orten zu unterschiedlichen Preisen verkauft (z. B. Stundenverrechnungssatz der Filiale in der Großstadt ist höher als im Umland).

4. **Werbemittel** enthalten die eigentliche Werbebotschaft und sind durch Schrift, Bild und Sprache gekennzeichnet. Sie sind die Information, die an die Zielgruppe weitergegeben werden soll. Beispiel: Radiospot mit den Informationen zum „Tag der offenen Werkstatt".

   Der **Werbeträger** ist das Medium, mit dem das Werbemittel (die Botschaft) den Kunden erreicht. Beispiel: Lokaler Radiosender, in dem der Radiospot gesendet wird.

Marketing/Absatz

Lösungshinweise zu 4.06

1. Das Gesetz gegen den unlauteren Wettbewerb soll verhindern, dass ein Anbieter sich durch unlautere (= unfaire) Maßnahmen einen Vorteil vor seinen Mitbewerbern schafft.

2. Unlautere Handlungen sind z. B.:
   - Die Unerfahrenheit von Kindern und Jugendlichen wird ausgenutzt.
   - Die Teilnahme an einem Preisausschreiben ist mit dem Kauf eines Produktes verbunden.
   - Werbung, die nicht eindeutig als Werbung gekennzeichnet ist.
   - Werbung, die die Ware oder die Dienstleistung eines Mitbewerbers herabsetzt.

3. Die Mitarbeiter des Autohauses dürfen die potenziellen Endkunden von der Adressliste nur dann anrufen, wenn diese ihre Einwilligung dazu erteilt haben. Dies gilt auch für Werbung per Fax oder per E-Mail.

4. Gegen unlautere Wettbewerbsmaßnahmen kann vor dem Landgericht des Werbenden geklagt werden. Zur außergerichtlichen Beilegung von Streitigkeiten werden Einigungsstellen eingerichtet. Als Strafe kommt neben dem Schadenersatz auch die Abschöpfung des durch die unlautere Werbung erzielten Gewinns in Frage.

5. Dieser vergleichende Slogan darf verwendet werden, wenn der Vergleich (Zeit für den Reifenwechsel) nachweisbar ist. Außerdem wird durch den Slogan die Dienstleistung des Mitbewerbers nicht herabgesetzt.

6. Sobald ein Anbieter mit dem Preis des Produktes wirbt, muss er die Endpreise einschließlich Umsatzsteuer und sonstiger Preisbestandteile angeben. Die Preise müssen dem Angebot oder der Werbung eindeutig zuzuordnen sowie leicht erkennbar und deutlich lesbar sein. Wenn der Preis aufgegliedert wird, muss der Endpreis deutlich hervorgehoben werden.

   Hersteller und Händler, die Neufahrzeuge ausstellen, diese zum Kauf oder Leasing anbieten oder für diese werben, müssen für jedes Fahrzeug die CO_2-Emission und den Kraftstoffverbrauch angeben.

Notizen